# METZ ASSOMPTION 1940
## UN DIOCÈSE À LA CROISÉE DES CHEMINS

Remerciements à Marie Puech pour la relecture.

© FRANCIS ANDRÉ-CARTIGNY, 2024
ÉDITION : BOD • BOOKS ON DEMAND GMBH,
IN DE TARPEN 42, 22848 NORDERSTEDT (ALLEMAGNE)
IMPRESSION : LIBRI PLUREOS GMBH, FRIEDENSALLEE 273,
22763 HAMBURG (ALLEMAGNE)
ISBN : 978-2-3225-3816-4
DÉPÔT LÉGAL : SEPTEMBRE 2024

# METZ ASSOMPTION 1940
## UN DIOCÈSE À LA CROISÉE DES CHEMINS

# Du même auteur

- La Roue Enflammée de Contz-les-Bains, sous-titré « Des Rites et du Langage dans la Vallée de la Moselle » Fensch Vallée 2000.
- Le Temps de l'Enfance en Lorraine, sous-titré « Pays-des-Trois-Frontières - Sarre - Luxembourg » La Geste 2021.
- Le Culte des Fontaines au Duché de Lorraine et dans l'Électorat de Trèves (L'aspect alchimique de la Saint Jean) BOD 2023.
- Petite Grammaire Luxembourgeoise BOD 2023 seconde édition.
- Une Saint Jean Initiatique en Lorraine sous-titré « Des origines celtiques aux Chevaliers de Saint-Jean à Sierck » BOD 2023.
- Rettel le village des Chartreux en Lorraine BOD 2023.
- Aperçu sur les enjeux linguistiques en Moselle et au Luxembourg - BOD 2023.
- Bismarck et l'Unité nationale - Quelles options pour l'Alsace-Lorraine ? - BOD 2024.
- L'Ouverture du ciel aux quatre saisons - Le microcosme du village. BOD 2024.

# Collection de l'Aubépine

- 1.La Spirale des Cycles - De la Genèse au Monde Moderne, BOD 2022.
- 2.La Spirale et l'Absolu - Pèlerinages, médiations, miracles et influences spirituelles dans les trois religions monothéistes. BOD 2022.
- 3.La Spirale et la Dame du Verger - Saint Bernard et la Médiation Mariale - St Thomas-sur-Kyll (Trèves) - Marienfloss (Sierck-les Bains) - Marie en Islam. BOD 2022.
- 4.Introduction aux Paraboles de Jésus - Textes canoniques et apocryphes de Thomas. BOD 2022.
- 5. Les Rois Mages et les Trois Mondes. BOD 2022.

# Que contient ce livre ?

Préface de l'auteur     10
Introduction     15

## 1 Un peu d'histoire     23
Mgr Dupont des Loges - Mgr Fleck - Mgr Willibrord Benzler - Mgr Jean-Baptiste Pelt - Entre deux chapitres.

## 2 La seconde guerre mondiale     36
L'épiscopat de Mgr Jean Joseph Heintz - Le grand séminaire de Metz une priorité pour les autorités allemandes - Comprendre la seconde guerre mondiale dans le diocèse de Metz - La hargne allemande contre le grand séminaire de Metz - Le séminaire de Metz en question rapporté par Adenauer et Jean de Pange - Le grand séminaire déporté à Spire 1940 - Quelques aspects de la vie spirituelle à Spire.

## 3 L'après-guerre mondiale     66
*Die Stunde null* (L'heure zéro) - Une nouvelle pastorale - Vers le Concile Vatican II.

## 4 Pierre Schwenck directeur du Gd. Séminaire     76
Pierre Schwenck, le silence et l'étude - Origines de Pierre Schwenck - Premières années - Au grand-séminaire - Pierre Schwenck dans la tourmente du début de la guerre - Retour de Spire - Conclusion du chapitre.

## 5 L'épiscopat de Paul-Joseph Schmitt     96
Origines de Paul Joseph Schmitt - La seconde guerre mondiale - Paul Joseph Monseigneur - Le concile Vatican II - Un diocèse divisé – Retour sur la période grise - Les traditionalistes et les intégristes - La déclaration de Saint-Avold Octobre 1967 - L'accord Rome-Moscou - Le recul de la pratique religieuse en Moselle - Les secrets de la *terna* - Conclusion du chapitre.

**Conclusion générale**     136
**Ouvrages consultés**     146

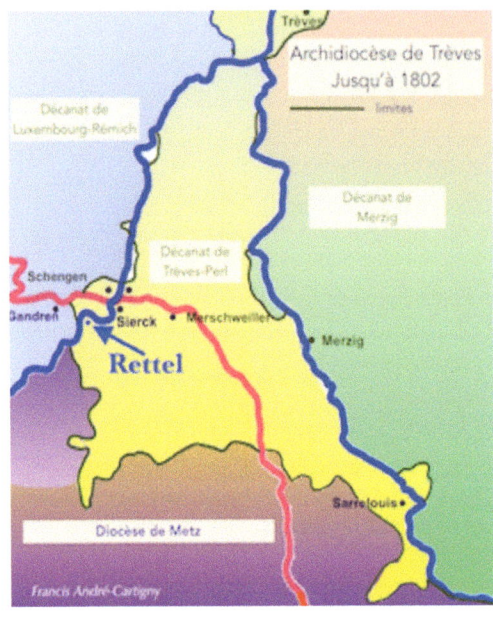

Carte n°1. Décanat de Perl Nord mosellan
Évêché de Trèves (*Trier*)

Carte n°2. L'Alsace-Lorraine
Avec l'aimable autorisation
de Monsieur Christian C. Emig

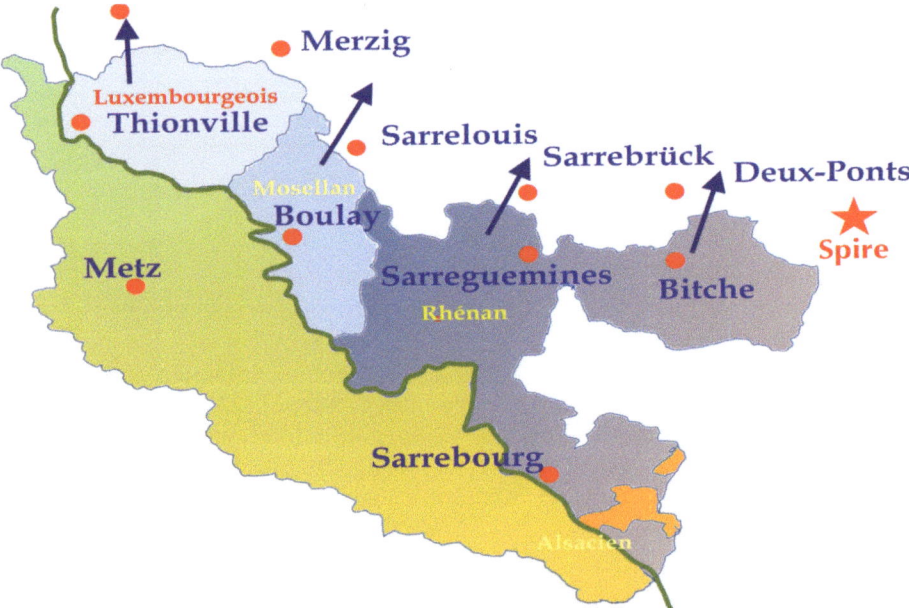

Les 5 zones dialectales germanophones correspondantes au sud de l'ancien Bailliage d'Allemagne, le Nord lorrain étant en Sarre exclusivement pour Merzig et Sarrelouis et environs

# Résumé

Malgré l'interdit allemand, le 15 Août 1940 les Messins rendent leur traditionnel hommage à la Vierge, place Saint Jacques. Le lendemain, Metz se réveille sous le choc de l'expulsion au pied levé de son évêque Jean Joseph Heintz. Parmi d'autres malheurs, le Grand Séminaire est expulsé à son tour vers Spire en Allemagne. En fait le Reich nazi souhaite éradiquer le diocèse. Beaucoup de séminaristes rejoignent, par leurs propres moyens ou par voie d'expulsion, leur évêque en zone libre. Parmi eux, l'abbé Paul Joseph Schmitt participe à la Résistance et poursuit ses études en théologie.

Metz libérée à l'Automne 1944, rien n'est plus pareil dans ce diocèse sinistré, partagé en deux zones linguistiques et culturelles. Les consciences se sont ouvertes à des sensibilités religieuses diversifiées chez les fidèles et de même, entre la relève cléricale formée durant la guerre en zone libre et celle formée à Spire en Allemagne.

Mgr Paul Joseph Schmitt succéda à Mgr Heintz en 1958 à l'approche du Concile Vatican II qui générera une véritable "révolution ecclésiale". Afin de permettre la présence au Concile de prélats russes, l'évêché fut commis par le Saint Siège d'apporter son soutien à la réalisation de l'accord diplomatique entre Rome et Moscou, préparée en secret à Metz même. L'histoire conserva de Mgr Schmitt sa forte personnalité, l'administration "jupitérienne" de son clergé et ses déclarations publiques fracassantes. Il apporta son soutien aux sidérurgistes lorrains et à la communauté musulmane et condamna sans appel la communauté traditionaliste en Moselle.

L'Auteur, originaire du Val Sierckois, ajoute à cette chronique quelques souvenirs personnels des années postérieures à 1950.

# Préface de l'auteur

La période difficile de l'histoire de notre diocèse au cours de la seconde guerre mondiale se confond étroitement avec celle de la Moselle. Né en Janvier 1944, je ne puis que faire appel à mes seuls souvenirs d'enfance d'après-guerre immédiate, limités aux conséquences des hostilités dans mon village. Il y eu des morts, mais aussi des maisons en partie délabrées par les bombardements des forces de libération en Septembre 1944, notre couvent en partie démoli et la destruction de notre église. Durant la période d'indisponibilité de cette dernière, les sœurs dominicaines ouvrirent aux offices paroissiaux leur magnifique chapelle épargnée par les combats.

De notre évêque Monseigneur Heintz je garde le souvenir de ses visites au presbytère, de la consécration de l'église enfin restaurée en 1951 et dans celle-ci de ma confirmation en Mai 1954 avec tous les confirmands du canton. Quand je montais les marches pour m'approcher de notre évêque et recevoir le sacrement, je découvrais un saint homme doux mais fatigué, portant des lunettes médicales légèrement teintées.

Le chanoine Pierre Schwenck fait partie de mes souvenirs d'enfance. Ses parents vivaient sous le toit d'une maison face à la nôtre avec leur fils Jean cultivateur, son épouse ma tante et mon cousin germain. La petite ferme traditionnelle m'attirait pour ses nombreux animaux : chevaux, vaches, porcs, lapins etc. et mille volatiles et de nombreux chats utiles à la chasse aux souris et aux rats amateurs de céréales dans les vastes greniers et enfin l'atelier et ses vestiges de vignerons et de tonneliers avec sa forge etc. J'étais le plus souvent à la ferme qu'à la maison. Plus tard, je participais aux travaux des champs et durant mes congés scolaires Tant de choses restaient encore à découvrir : quelques livres auxquels je ne comprenais rien dont le plus lourds et volumineux un dictionnaire de grec ancien. Certaines pièces de cette vieille maison respiraient l'histoire d'une grande famille.

Pierre rendait souvent visite à ses parents. Il reprenait à la tombée de la nuit le chemin de la gare de Sierck pour attraper le train en provenance de Perl pour Thionville et de là sa correspondance pour Metz. J'apercevais alors sa silhouette de « cigogne », pour reprendre l'expression du chanoine Sutter à propos des chapeaux d'ecclésiastiques que portaient jadis les prêtres.(1) Je trouvais plutôt à son couvre-chef une allure de chapeau breton.

J'imagine qu'enfant en âge de veiller, il participait comme nous autres plus tard aux soirées d'Hiver autour du poêle à entendre les anciens évoquer leurs souvenirs d'un autre âge sans télévision ni TSF. Nous soupions de bonheur en Hiver, l'Angélus ayant sonné nous traversions la rue rejoindre mon oncle et ma tante dans une petite pièce communicante à la vieille maison voisine, nommée alors encore *dat Aalthaus*, devenue entre-temps la Maison de la Dîme. Là se tenait une réunion de famille certes, à laquelle se joignaient toutefois des familiers : une voisine ou un voisin, des habitués de la ferme qui rendaient service au cours de la bonne saison dans les travaux des champs ou aux récoltes.

---

(1) Antoine Sutter dans «Mgr Heintz Pèlerin de l'espérance».

Je nommais plus tard ces soirées passionnantes « Nos universités de la terre » pour résumer toutes les paroles de sagesse entendues à propos du passé de notre village, des guerres, des légendes et de mille choses vécues par nos anciens au cours des années tumultueuses du début du siècle etc.

Avec le temps la sagesse de nos anciens m'est revenue, sans compter les nombreux souvenirs de famille et les anecdotes récitées par nos typiques villageois etc. Ces paroles venues d'un autre âge, énoncées dans notre langage dialectal authentique restèrent profondément gravées dans ma conscience et justifient certainement notre fidélité aux traditions…

Un temps j'ai cru dresser la biographie de Pierre, mais que dire d'un homme aussi secret ? Il revenait souvent dans la conversation en famille. J'imagine que son enfance au quotidien se passait comme la nôtre. J'abandonnais ce projet ambitieux jusqu'au jour je découvris un ouvrage intitulé « Le Secret de Jésus » dont il est l'auteur. À la lecture de ce livre, je compris alors que la vie d'un prêtre s'inscrit dans sa communion permanente avec son pasteur. Je reprenais alors mon idée d'écriture en plaçant le personnage au coeur de la tourmente de la seconde guerre mondiale avec son futur évêque, dans un récit que je propose au lecteur aujourd'hui.

# Introduction

Les générations mosellanes du début du siècle dernier connurent deux régimes politiques alternatifs, entre la France et l'Allemagne et deux guerres mondiales.

La première annexion allemande de 1871 à 1919 entrée dans l'histoire marque encore le pays par ses vestiges, son droit local. Quant à la seconde, de 1939 à 1945, elle reste gravée pour longtemps dans les mémoires de tout un département pour ce qu'elle causa dans ce qu'il y a de plus traumatisant pour l'être, s'il est épargné de la mort, l'idéologie qui le broie, le torture moralement et qui l'anéantit psychologiquement dans la hargne de ses bourreaux contre son esprit.

Le 16 Août 1940 annonce la persécution et l'expulsion de prêtres du territoire mosellan et l'éradication du diocèse. Mgr Heintz est conduit au pied levé vers la France non occupée. À partir de ce jour il y aura un avant et un après 15 Août 1940 de l'Église mosellane. Qui pouvait imaginer que le clergé mosellan se tenait à la « croisée de son destin » au lendemain du pèlerinage traditionnel à la Vierge Place Saint-Jacques, jour de la fête de l'Assomption ?

Se tenir à la croisée de son destin signifie être susceptible d'aller vers un avenir dédié et même vers un choix. Qui peut le connaître par avance ? La réponse se trouve certainement dans les choix que chacun fit sous la volonté de la Providence.

Mgr Schmitt, en préfaçant l'ouvrage du Chanoine Sutter, sous le titre « Mgr Joseph Heintz, Pèlerin de l'Espérance », écrivait en 1986 :

*« La figure de Mgr Heintz est désormais entrée dans l'histoire. Elle a surgi à la veille de bouleversements dont les ondes de choc, que nous le voulions ou non, aujourd'hui encore nous accompagnent. »*

Les nombreux témoignages que nos moyens modernes permettent de conserver entretiennent notre mémoire, alors que nos proches et les acteurs de ces évènements pour beaucoup nous ont quitté. Or l'expérience du vécu manque aux récentes générations, et dans un sens fort heureusement pour eux. Les témoignages écrits et les vidéo revenant sur ces sujets ne peuvent qu'imprimer dans leurs esprits des faits statiques ou cristallisés sans relief qui souvent se résument par des visions globales, générales et par des slogans. Tant de malheurs finalement banalisés aboutissent à l'oubli. Et cela est valable pour la foi…

Le premier conflit mondial surgit comme un coup de tonnerre inattendu dans le ciel alors que le second s'annonça au lendemain même de la paix, comme une revanche. L'armistice du 11 Novembre 1918 sonne le glas des empires allemand, autrichien et russe. C'est la chute des Aigles. Le traité de paix mondial signé le 28 Juin 1919 dans la même Galerie des Glaces qui vit la proclamation du *Kaiserreich\** allemand 48 années plus tôt, offre un nouvel ordre mondial remis en cause au lendemain même de sa signature par l'effrayante idéologie nazie à l'origine d'un second conflit, vingt ans plus tard.

---

\*Il est d'usage de désigner l'Allemagne impériale moderne par *Kaiserreich,* qui signifie « présider » par une tête couronnée, un empereur. C'était le cas pour l'empire Russe ou encore pour le Premier et le Second Empire français.

Après une guerre inactive depuis sa déclaration le 1er Septembre 1939, une soudaine avancée « éclair » de l'ennemi surprend la France en Mai 1940. Elle signe un armistice avec l'Allemagne qui prévoit le partage de la nation entre une zone libre au Sud et une zone occupée au Nord. Trop souvent oubliées, l'Alsace et la Lorraine ne sont pas occupées mais réannexées et subissent les lois nazies après une sévère épuration politique.

Dans ce monde déboussolé s'ouvre le règne de la négation et du refus. Il faudra choisir son camp et malheur à celui qui ne se prononce pas. Après une guerre conventionnelle « éclair », s'installe la guerre clandestine pour la Liberté. Qui n'est pas avec elle est contre elle ! Ainsi naît la suspicion jusqu'à la Libération. L'Allemagne vaincue subi une forte épuration à son tour en profondeur. En France, il y a des poignées de mains qui laissent des traces indélébiles que même une condamnation ne peut effacer, et dans le doute revient la suspicion. Le pardon, la tolérance et la paix ont changé de définition. Sur les ruines fumantes de Berlin, au moment nommé « *Die Stunde null* », on décide du sort de l'Europe, d'un nouvel ordre mondial et finalement des religions.

L'Allemagne en réannexant l'Alsace et la Lorraine, avait gardé en mémoire quelques rancunes envers la ville de Metz et son clergé catholique jugé coupable d'avoir fait échec au processus de germanisation des lorrains mosellans sous le *Kaiserreich*. Le diocèse de Metz, un des plus beaux diocèses de France, est promis par l'envahisseur nazi à l'éradication.

Du jour au lendemain le diocèse est décapité, son évêque expulsé avec d'autres prêtres considérés « trop français » au goût de l'occupant. Cela constitue une première étape au renversement du trône de Saint Clément, et il est question de « combattre le mal à sa racine », c'est-à-dire détruire la filière d'enseignement menant au sacerdoce : les écoles religieuses, les petits séminaires et enfin le grand séminaire. Combattre le

Christianisme n'est pas chose si aisée. Le « territoire épiscopal messin » jugulé et encadré est absorbé par le diocèse de Spire en Allemagne. Les réactions sont variées et diverses.

Beaucoup de séminaristes, de ses professeurs et de prêtres quittent le diocèse, regagnent soit leurs familles évacuées en France non occupée et se mettent éventuellement au service d'un diocèse d'accueil, soit poursuivent leurs études dans un autre séminaire. D'autres prêtres refusent l'abandon de leurs étudiants et sous la pression les accompagnent à Spire.

Avec l'arrivée des alliés en Moselle en Septembre 1944, Metz retrouve son évêque et ses prêtres et peu à peu le diocèse reprend vie. Il faut chasser les mauvais souvenirs et les sorcières. Mais les choses ont changé. La guerre est un malheur non seulement pour les vies et les biens mais aussi pour les consciences. Les brassages de populations favorisent les échanges d'idées et dans une période aussi déstabilisante des idéologies nouvelles soutiennent le courage et l'espérance. En revanche elles provoquent de nouvelles divisions, le combat est le principe de toute idéologie. La guerre froide entre les vainqueurs s'installe et alimente de nouvelles dualités. Dans tous ces combats de ce siècle l'Église prêche la résistance spirituelle.

La « Coexistence Pacifique » des années 1960 souffle un vent de détente sur le monde occidental. Le nouvel ordre mondial né sous les décombres de 1945 reste en suspend pour cause de « Guerre Froide ». L'Église Romaine ouvrira quelques années plus tard ses fenêtres sur le monde et au « Peuple de Dieu » pour annoncer un nouveau concile réformateur. Toutefois Rome signe à Metz un accord secret entre l'Église Romaine et le Kremlin, par lequel elle renonce à toute attaque contre le Communisme qu'elle considérait jusqu'ici l'ennemi « numéro un » de la Chrétienté. En échange des envoyés de l'Église Orthodoxe de l'Est pourront assister aux sessions conciliaires.

Comment rendre vivant et actuel le bref récit de cette tranche de l'histoire mosellane dans la dispersion de son diocèse, sinon qu'en choisissant deux de ses prêtres d'une même génération, issus de cette même lorraine germanophone pour les suivre dans leurs chemins respectifs au cours de cette période grise : Paul-Joseph Schmitt et Pierre Schwenck ?

Ces deux personnages présentent un début de parcours commun dans leur réponse à l'appel de Dieu. À une année d'intervalle ils entrent au petit séminaire de Montigny-lès-Metz, puis au grand séminaire de Metz, reçoivent l'ordination sacerdotale en 1933 pour le premier et en 1935 pour le second. À ce moment de grâce nous sommes à quatre années de la seconde guerre mondiale. Mobilisés en 1939, tous deux portent les uniformes d'officiers de réserve et rejoignent la guerre. En leur qualité commune d'Alsaciens-Lorrains faits prisonniers par l'armée allemande, ils sont considérés « allemands» par les vainqueurs et libérés après l'armistice. Revenus dans leur diocèse ils reprennent leurs fonctions : Paul Joseph retrouve sa paroisse de Ban-Saint-Martin et Pierre Schwenck son poste de professeur au grand séminaire de Metz.

Après l'épiscopat de Mgr Heintz, Paul Joseph devient évêque du diocèse durant 30 ans de 1958 à 1987. Ce pontife illustre à merveille cette période de l'histoire énoncée au début de ce texte et de cet épisode charnière de l'Église mosellane de fin de Guerre Froide avec la période du concile romain Vatican II avec ses bouleversements. Sa vie ne laisse personne indifférente, croyant ou non. Ce fut un réveilleur. Il inspire soit une grande sympathie soit l'agacement. Imprévisible, il figure le chaud et le froid, le sucré et le salé ou encore l'eau et le feu. Après sa disparition la vie chrétienne dans ce diocèse nous apparaîtra fade et grise, par son absence et par la désertification des églises et des séminaires.

Le parcours parallèle de ces deux personnages s'écarte dès le début de la seconde guerre mondiale. Avec la réannexions de la Moselle, Mgr Jean Joseph Heintz arrêté et expulsé: quelles conséquences ? *« Frapper le berger, le troupeau se disperse»*.

Le grand séminaire autonome de Metz transféré à Spire dans le Palatinat, Pierre Schwenck doit le suivre. Quant à Paul Joseph, il refuse la situation politique. Bien que rien ne lui soit ordonné, il demande à être expulsé vers la France libre.

L'épiscope Paul Joseph, soutenu par ses amis des « heures difficiles » défend avec fermeté la nouvelle ligne pastorale et la nouvelle théologie ecclésiale de l'Église définie au Concile Vatican II qu'il applique en toute honnêteté et franchise sans « langue de bois ». Avec courage et ténacité il affronte la difficile « gestion » d'un diocèse particulièrement attaché aux traditions dans la zone germanophone. Face aux « traditionalistes » il est implacable, mais il apporte son soutien personnel à la communauté musulmane en Moselle Est. Au cours de la grande crise sidérurgique il apporte son soutien spirituel aux ouvriers sinistrés. Enfin infatigable il maintient son clergé au cours de la grande mutation spirituelle de l'Église. Paul Joseph Schmitt est un combattant au sens propre et au sens figuré et enfin un « diplomate » comme il le révèle au cours des tractations secrètes entre le Vatican et le Kremlin organisées à Metz avant le concile.

Le devenir respectif de ces deux prêtres, leurs origines sociales et leurs chemins différents pour ne pas dire opposés, que le devoir dans les circonstances malheureuses leur a imposé, eut-il un impact dans le choix du successeur de Mgr Heintz en 1958, treize années après la fin de la seconde guerre mondiale ? La procédure particulière prévue par le concordat de 1801, toujours en vigueur en Alsace-Moselle garde son secret.

*Note*

Nous nous sommes souvent nourris des écrits de Monsieur l'abbé Pierre L'Huillier, ouvrage intitulé «Monseigneur Paul Joseph Schmitt» aux Éditions des Paraiges) pour la vie de Mgr Schmitt et par celui de Monsieur le Chanoine Antoine Sutter, intitulé «Mgr Joseph Heintz, Pèlerin de l'Espérance» aux Éditions Pierron. Quant à la vie de Monsieur le Chanoine Pierre Schwenck nous avons fait souvent appel à nos souvenirs personnels et familiaux.

# Chapitre I
# Un peu d'histoire

À l'heure où naissent le futur Mgr Schmitt (1911) et le futur Chanoine Pierre Schwenck (1908), la Lorraine et le diocèse de Metz sont allemands, inscrits dans un ensemble politique et administratif nommé « *Elsass-Lothringen* », circonscrit à nos trois départements « alsaciens-lorrains » : Moselle, Haut-Rhin et Bas-Rhin.

À l'origine de cette situation, le Traité de Francfort, signé le 10 Mai 1871, met un terme à la Guerre « franco-prussienne » survenue en Juillet 1870. La France par sa défaite militaire cède au nouvel empire allemand, créé dans la Galerie des Glaces du Château de Versailles le 19 Janvier 1871, ses droits de souveraineté sur une partie de la Lorraine et sur toute l'Alsace. Dès lors l'allemand (*Hochdeutsch*) devient la langue officielle et d'enseignement des pays fraîchement annexés. Or cette langue imposée unilatéralement, en tant que langue officielle par l'autorité allemande, va créer de multiples complications linguistiques et administratives en Moselle, certes historiquement en partie germanophone nommée un temps « Lorraine Allemande ».

La langue allemande n'y est donc pas étrangère tout du moins dans la zone territoriale issue de l'ancien Bailliage d'Allemagne du Duché de Lorraine. Rappelons qu'une large part de ces territoires « lorrains » se trouvent depuis 1815 en Sarre par la volonté du Congrès de Vienne. Et nous l'oublions... Cependant en Lorraine Nord au regard de l'Alsace, la langue allemande subit avec le temps une certaine évaporation, si on ose dire, par la situation géographique du pays.

Le Massif des Vosges à l'Ouest et le fleuve européen le Rhin à l'Est protège la plaine alsacienne. L'Alsace représente une vaste vallée du Nord au Sud partagée avec sa voisine badoise sur la rive droite. Touchée par la Réforme allemande, elle partage également le culte chrétien avec le protestantisme de la Confession d'Augsbourg. Dans cette grande vallée l'enracinement de la langue allemande s'y est mieux maintenue.

La Lorraine, jadis duché et membre du Saint-Empire, pleinement indépendante, se présente comme unité territoriale exclusivement catholique et s'étend à tous les vents d'un immense plateau traversé par les sillons de la Meurthe et de la Moselle. Sans protections naturelles, isolée de l'Alsace par les Vosges à l'Est, la vallée de la Moselle représente un immense couloir de communication entre le Nord et le Sud de l'Europe, depuis la nuit des temps. L'allemand y est de ce fait beaucoup moins homogène qu'en Alsace. De plus le département de la Moselle est partagé par la frontière linguistique entre Metz et Thionville. Elle prend naissance sur les bords de la Mer du Nord en Belgique, pour se perdre au Sud du Tyrol italien. Au sud de cette barrière culturelle certes poreuse, les populations s'exprimaient en langues romanes, la langue française véhiculant traditionnellement la communication. Metz, chef-lieu et siège épiscopale du diocèse, vieille citée du Saint-Empire, germanophone occasionnellement, reste foncièrement francophone à la hauteur de ses sentiments français.

La germanisation brutale au moment de l'annexion allemande de 1871 sera diversement vécue, difficilement supportée par les populations d'expression romane au Sud. Aucune guerre linguistique comparable à celles surgies, par exemple, en Belgique entre Wallons (Romans ou *Welsch*) et Flamands (germanophones) n'eut lieue dans le passé ni en Lorraine ni en Alsace. Cela confirme la nature bi-linguistique (et non bilingue) d'un Duché uni jadis autour de ses princes dans la pluralité culturelle.

Cette paix linguistique a perduré au-delà de la chute du Duché voulue par la France, grâce à une savante et intelligente intégration des populations au Royaume au $18^{ième}$ siècle, loin des idéologies du 19ième siècle. Et justement ces dernières (idéologies) provoquèrent des luttes linguistiques récurrentes avec la « France révolutionnaire et républicaine ». La France s'ouvrant alors aux réformes d'une nouvelle économie, imposa brutalement et drastiquement la langue française mais en allant jusqu'à interdire les dialectes, menaçant leurs locuteurs de déportation. (2) Au sénat, des intellectuels et des écrivains français formulent une demande législative particulière par : « *La suppression des accents si dérangeants pour les parisiens qui se rendaient en Alsace ou en Moselle !* »

Ces luttes linguistiques se déclarèrent également dans les autres provinces françaises d'essences linguistiques étrangères à la langue française, comme au Pays-Basques, aux Flandres etc... (2)

Les populations nord-germanophones réclamaient vivement le maintien de la langue allemande dans l'enseignement, soutenues par l'Église et les autres communautés religieuses protestantes et israélites. Les évêques de Metz ralliés à ce combat, face aux interpellations des gouvernements parisiens foncièrement opposés à l'enseignement religieux en langue allemande au Nord du diocèse, prirent officiellement des positions pour le maintien de la langue allemandes.(3)

Durant son épiscopat, Mgr. Dupont des Loges tint à cœur le développement de l'enseignement pour tous, exploitant au mieux la loi de 1850 sur la liberté de l'enseignement. Comme nous le disions déjà, cet évêque défendait vigoureusement l'enseignement

---

(2) Gaston May dans la langue française en Lorraine.
(3) Philipps Eugène dans La Crise d'identité l'Alsace face à son Destin. Et encore un fois Philipps Eugène dans Les luttes linguistiques en Alsace jusqu'en 1945 - Culture Alsacienne Strasbourg.

religieux en allemand, face aux autorités françaises bien avant l'annexion.

Monseigneur réalise la construction du célèbre petit séminaire de Montigny-lès-Metz, grâce à la générosité des fidèles du diocèse. Il fonde en 1863 un séminaire de philosophie au côté de celui de théologie.

En effet on s'adresse à Dieu, dans le langage du cœur : la langue maternelle. Une langue véhicule la pensée donc la foi, le fruit de la conscience. (4)

Cependant cette situation linguistique se révèle encore bien plus complexe par la nature du tissu linguistique mosellan. En effet, nous insistons encore, le Nord est composé de cinq zones de locutions vernaculaires différentes partagées largement avec les territoires voisins allemands de la Vallée de la Moselle rhénane, la Sarre, le Palatinat, et L'Alsace, ici l'alémaniques, et enfin avec le Luxembourg dans le Thionvillois. Voir la carte n°3.

Nos linguistes et soi-disants défenseurs de nos particularités mosellanes se refusent par déni à reconnaître pleinement ce bouquet linguistique, obstinés à vouloir unifier culturellement le département de la Moselle sans discernement, la zone germanophone en les désignant très officiellement et globalement de « francique lorrain ! » ! Or, les dialectes par essence ne connaissent pas les frontières, comme le vol des oiseaux. Mais avec le temps les langages répondent au vent de l'uniformisation régionale.

Bien avant l'annexion de 1871, la langue allemande littéraire conservait en Moselle une place prépondérante dans le quotidien.

(4) Tous les évêques de Metz (et de Strasbourg) à commencer par NN.SS. Dupont des Loges, Fleck, Benzler, face aux pouvoirs publics refusèrent l'enseignement religieux en langue française dans les zones linguistiques germanophones et en langue allemande dans les zones linguistiques romanes.
On a tendance à dire que le Dieu de l'Islam, Allah, n'est pas le même Dieu de celui des Chrétiens ou Juifs. Nous ne voulons pas entrer dans cette dispute, j'ajouterai cependant que la langue de naissance transcende la foi et donc la vision de Dieu. Ainsi on en conclura que les évêques de Metz par leur maîtrise des diversités linguistiques et culturelles de leur diocèse témoignèrent d'une grande expérience humaine dans leur mission apostolique.

La langue étant le véhicule de la pensée, sa structure restait proche des mentalités allemandes mosello-rhénanes, précision faite. Cela surprendra le lecteur aujourd'hui, cependant jusqu'en 1801 un nombre important de paroisses nord-mosellanes et luxembourgeoises dépendaient spirituellement des évêchés de Trèves, et Spire (*Speyer*). Cartes 1 et 3. Rettel et les environs connaissent l'administration épiscopale messine depuis. Ceci méritait d'être souligné encore une fois afin de servir la suite de nos récits au sujet de la vie spirituelle de Pierre et de ses missions ecclésiastiques.

Que le lecteur non averti ne se méprenne pas. Taxer les populations nord mosellanes de sentiments allemands serait une grande injustice et une erreur ! Le nord-mosellan en particulier éprouvait un net rejet de la Prusse ! Le Prussien était « haï » pour reprendre un mot fort. Toujours de nos jours, le ressortissant Allemand est désigné par *Präiss*, c'est-à-dire Prussien parce que l'Allemagne avant 1871 n'existait pas ! Il s'agit d'une vieille dualité. La Prusse après 1815 s'étendit des frontières polonaises à celles de Perl, Sarreguemines, c'est-à-dire jusqu'aux frontières actuelles. Le Mosellan s'est montré réfractaire à l'annexion allemande, il ne voulait pas devenir Prussien, ! En effet la Prusse avait absorbé le monde allemand. Le label « allemand » désignait l'unité allemande et pour d'autre à un sentiment pangermaniste.

Ce ressenti si particulier en Moselle-Nord, mal saisi, mal compris jusqu'à nos jours, illustre les amalgames à l'origine des menaces d'annexions prussiennes. Le démantèlement du diocèse de Metz au moment de l'annexion brutale de la Moselle en 1940 s'inscrivait dans le cadre d'une politique de déchristianisation de toute l'Europe élaborée par le National-Socialisme. Dans ce département des plus catholiques, cette persécution a été ressenti comme un traumatisme que peu ont supporté.

Il était utile de s'attarder sur la situation culturelle et linguistique particulière de la Moselle d'une certaine époque, révolue certainement, mais restant enfouie dans les consciences des générations nouvelles bien qu'elles ne les aient pas vécues. La mémoire d'une certaine manière se transmet discrètement, la nature mosellane ne s'impose pas. Cet excursus se révèlera nécessaire pour une meilleure compréhension de la vie du clergé mosellan et de ses fidèles d'après-guerre époque révolue. La découverte de l'âme mosellane nécessite patience, hauteur de vue ou part de recul.

Pour finir ce brin d'histoire régionale nous proposons au lecteur une courte présentation des trois évêques de Metz en fonction au cours de la première annexion allemande auxquels nous attachons Mgr Pelt successeur de Mgr Benzler, l'évêque allemand.

## *Mgr Dupont des Loges 1843-1886*

Monseigneur Paul Georges Marie Dupont des Loges occupe le trône épiscopal de Metz au moment de l'invasion allemande et du début de l'annexion en 1870. Né à Rennes en 1804 il fait ses études au petit séminaire de cette ville, puis au grand séminaire de Saint-Sulpice à Paris. Il est ordonné prêtre le 20 Décembre 1828 par Monseigneur de Lesquen, évêque de Rennes. En octobre 1834 il est nommé chanoine honoraire.

Monseigneur de Poulpiquet, évêque de Quimper, le voulut comme coadjuteur en vue de sa succession, mais royaliste légitimiste, à cette nomination le gouvernement s'y oppose dans cet Ouest de la France, marqué par les tragiques évènements révolutionnaires (Guerre des Chouans). En 1835, l'évêque de Blois lui propose les fonctions de vicaire général, mais il refuse. En octobre 1840 il devient vicaire général de Mgr Morlot, évêque d'Orléans. Deux ans plus tard il est nommé évêque de Metz et consacré en mars 1843 dans la chapelle du séminaire de Saint-Sulpice même.

Durant son épiscopat, Mgr. Dupont des Loges tient à cœur de développer l'enseignement pour tous, exploitant au mieux la loi de

1850 sur la liberté de l'enseignement. Comme nous le disions déjà, il défend vigoureusement l'enseignement religieux en allemand, face aux autorités françaises bien avant l'annexion.

Il réalise la construction du célèbre petit séminaire de Montigny-lès-Metz, grâce à la générosité des fidèles du diocèse. Il fonde en 1863 un séminaire de philosophie au côté de celui de théologie.

Soutenu par l'Église de France, il est un grand partisan de la France en Lorraine face à l'annexion allemande. Élu député au *Reichstag* en 1874, il se déclare député protestataire où il exige que la population annexée puisse s'exprimer à propos de son incorporation forcée au nouvel empire allemand. Il s'oppose à ce sujet avec Mgr Raess, évêque de Strasbourg qui précise que nulle population catholique en Alsace-Lorraine ne remettra en cause le traité de Francfort. Il ne siègera qu'une seule fois en trois ans.

Les pouvoirs des évêques, et notamment de celui de Metz, sont affaiblis. Il refuse les insignes de l'ordre royal de la couronne prussienne au Maréchal von Manteuffel, Président de l'arrondissement de la Lorraine, avec lequel il entretien pourtant de bonnes relations dans l'intérêt de la population.

Il décède en août 1886, Monseigneur François-Louis Fleck lui succède.

## *Mgr François-Louis Fleck*

Né en Alsace à Niederbronn en 1824, il décède à Metz en 1899. Avant d'avoir été nommé curé de Saint-Martin, le 6 mai 1867, l'abbé Fleck est vicaire à Boulay, aumônier du pensionnat Sainte Chrétienne de Rustroff près de Sierck-les-Bains en Moselle, desservant de Valmont, puis encore Curé de Bouzonville.

Le prélat est connu pour ses prises de positions nettes et ses controverses à propos de l'infaillibilité pontificale, lors du Concile Vatican I. Quoi de moins étonnant quand on est originaire de Niederbronn !

Monseigneur Dupont des Loges, évêque de Metz au moment de la guerre de 1870, élu député contestataire, choisi l'abbé Fleck comme interprète au *Reichstag* à Berlin, pour plaider la cause contestataire de la Lorraine. Mais cette nomination est récusée par les autorités allemandes.

En 1875 l'abbé Fleck quitte, sur la demande de son évêque, la paroisse Saint-Martin pour occuper les fonctions de secrétaire général de l'évêché. En 1879 il est nommé Vicaire général. Monseigneur Fleck est sacré le 25 juillet 1881, en l'Église Saint Vincent de Metz, évêque coadjuteur avec future succession au trône du diocèse. Le 18 août 1886 il succède à Monseigneur Dupont des Loges comme évêque de Metz. Homme d'église conservateur, favorable à Napoléon III, c'est un évêque intransigeant contre les idées du socialisme, du communisme et du nihilisme. Il défend avec vigueur le maintien de l'Allemand dans les écoles, mais il soutient avec ténacité le maintien du droit du Français dans les zones francophones après l'annexion.

## *Mgr Willibrord Benzler 1901-1919*

Comme beaucoup de prélats, nés de familles modestes, Monseigneur Willibrord Benzler, bénédictin, présente une carrière et un destin extraordinaire dans le travail et dans la souffrance. Né le 16 octobre 1853 en Westphalie, le jeune Karl prend le nom de Willibrord en entrant dans les ordres. Éduqué dans la foi catholique par ses parents aubergistes, après son baccalauréat, il étudie la théologie à Innsbruck. Avant de s'engager dans la voie de la prêtrise, il pratique pour la première fois, le 1er janvier 1872, les exercices de Saint Ignace chez les Jésuites d'Innsbruck.

Chez les bénédictins de Beuron à Hohenzollern il mène de longues études et travaux. Parallèlement de nombreuses missions lui sont confiées, en Autriche-Hongrie. En 1874, il accède au noviciat des mêmes Bénédictins et reçoit les ordres mineurs à Munich, puis ordonné prêtre en août 1877 par Mgr Baudri évêque auxiliaire de Cologne.

Mgr Benzler uni à la population messine, fait le vœu au cours de la Première Guerre Mondiale, d'ériger un monument en l'honneur de la Vierge Marie en reconnaissance pour la protection des dangers de la guerre de la ville avec sa population.

Nous sommes entre deux siècles. Le siège épiscopal de Metz vacant depuis deux ans, la nomination d'un évêque en Alsace-Lorraine allemande comme toujours représente une affaire d'état délicate. Le concordat de 1801 exige l'avis du pouvoir politique suprême sur les choix de Rome. Metz, allemande, contre son gré, chef-lieu du *Bezirk-Lothringen* (Lorraine) représente le siège épiscopal concordataire de la Moselle.

En 1901, Guillaume II négocie âprement avec Rome la nomination d'un évêque d'origine allemande pour une terre de tradition catholique. La fonction épiscopale y est fortement influente. Le *Kaiser* souhaite accélérer et pérenniser la germanisation bien engagée du pays. Entre Rome et Berlin la situation n'est pas des meilleures, le *Kulturkampf* de Bismarck a laissé des traces et le clergé participe activement au combat pour l'autonomie de l'Alsace-Lorraine dans le cadre du *Kaiserreich*. Enfin Rome se décide sur la nomination d'un évêque allemand en la personne d'un bénédictin, bon théologien et d'une grande piété, Willibrord Benzler est reçu personnellement à Postdam par Guillaume II. Celui-ci attend du futur évêque de Metz une pastorale « germanisante ». A cet impérial souhait, le futur Monseigneur répondra que sa mission épiscopale ne sera pas de faire des allemands mais des chrétiens !

Le 26 octobre 1901 il pénètre en Lorraine par Sierck (les Bains) pour s'adresser à la foule et au clergé local. Consacré le 28 dans la cathédrale de Metz par les archevêques de Trèves et de Strasbourg, il assure, comme il l'avait promis, sa charge selon une pastorale d'affermissement de la foi chrétienne des Lorrains, en allant vers eux, en faisant leur connaissance et en les aimant comme un père aime ses enfants. Par son action tout le clergé le reconnait avec tous les catholiques mosellans. Pour seul exemple, il garantit et assure, malgré les pressions politiques prussiennes, des prêches en français aux francophones du sud mosellan.

Le 18ème Congrès Eucharistique International se tient à Metz du 6 au 11 août 1907 selon le vœu du pape Pie X même, lors sa rencontre avec le successeur de Saint Clément à l'occasion de la visite obligatoire, *ad limina*, à Rome prévu par le droit canon. Son attachement à l'autonomie du pays lui sera en fin de compte beaucoup plus reproché que sa nature allemande que ce soit par l'Allemagne ou par la France après la première guerre mondiale.

Après le traité de Versailles de 1919, le pouvoir politique change. La germanisation de l'Alsace-Lorraine est pratiquement achevée et son statut d'état autonome (relatif) finalement accordé par l'Empire, fonctionne depuis quelques années. Or, le pouvoir politique français veut reprendre sa place telle qu'il l'avait laissée en 1870. Le monde a changé et les Alsaciens-Lorrains ont grandi dans leur soif d'autonome et souhaitent fermement conserver leur statut d'état fédéral autonome, leurs traditions, leur culture etc. Beaucoup trop de malentendus s'installent, notamment à propos du soutien passé de Monseigneur Benzler à l'autonomie. La France devenue république laïque a dénoncé le concordat de 1801, confisqué les biens du clergé et enfin expulsé les religieux de leurs couvents et abbayes, des écoles et des hôpitaux. Ces lois anticléricales blessent la Lorraine catholique, la démission de Monseigneur Benzler, *persona non grata,* est souhaitée par le gouvernement français et la presse orientée le lui rappelle. Il présente sa démission au Saint Père le 12 Janvier 1919 et à sa grande surprise la presse annonce le nom de son successeur : le Vicaire Général Pelt, alors qu'aucune procédure ne soit encore engagée, le Saint Père ayant retenu la démission de l'évêque ! Ce dernier prendra connaissance de la nouvelle le 23 avril 1919 dans le journal comme tout le monde. Le pape stoppe la démission du prélat jusqu'au 1er Août 1919, soit deux mois après la signature du Traité de Francfort.

Monseigneur Benzler avait pressenti en secret depuis des années l'abbé Pelt à sa succession. Avant de quitter la Lorraine il répond au vœu de la population messine en présidant la procession du 15 août pour remercier la Vierge Marie. Au départ à la Gare de Metz la Lorraine lui témoigne un dernier hommage hors du commun. Nommé archevêque titulaire d'Attali, il se retire dans son ordre bénédictin pour y mourir après une longue maladie le 16 avril 1921.

## *Mgr Jean-Baptiste Pelt 1919 -1937*

Jean Baptiste PELT né en 1863 au Château de Blettange près de Bousse (actuelle Moselle), passe une partie de son enfance à Rodemack, village situé près de la frontière Luxembourgeoise. Il fréquente l'école de Basse-Rentgen, village voisin, avant d'être admis en seconde du célèbre Petit Séminaire de Montigny-les-Metz à l'âge de 15 ans

Trop jeune pour être ordonné prêtre, il poursuit ses études de théologie à Saint-Sulpice de Paris puis à Rome où il étudie le droit canonique. L'archéologie l'intéressera au plus haut point.

Ordonné prêtre à la cathédrale de Rome à vingt-trois ans, le 18 décembre 1886, il prépare encore un double doctorat en théologie et en droit canonique. Assistant au trône pontifical, il publie de nombreux ouvrages sur les cathédrales, la théologie et la législation et enfin sur la cathédrale de Metz même.

De retour en Lorraine, il est nommé le 8 octobre 1887 professeur et supérieur du grand séminaire de Metz après avoir été Vicaire à St Martin. Ses méthodes originales et réalistes dans la formation de ses futurs prêtres font de lui un homme brillant et de grande valeur sacerdotales. Il marque toutefois une tendance libérale acquise lors son cursus parisien où règne cet esprit dans certains milieux cléricaux.

Son prédécesseur, Mgr Willibrord Benzler, avait vu en lui un futur grand de l'Église catholique quand il le nomma Vicaire Général et le choisit comme son successeur. Ces deux hommes d'église tissent des liens très étroits dans le sacerdoce et s'apprécient mutuellement. Tous deux aiment la Lorraine et les lorrains. C'est le 29 septembre 1919 que Jean-Baptiste Pelt est consacré évêque de Metz par son éminence le Cardinal Léon-Adolphe Amette, venu de Paris spécialement, Mgr Henri-Victor Altmayer, archevêque émérite de Bagdad, originaire de Bouzonville et Mgr Charles-Joseph-Eugène Ruch, évêque de Strasbourg.

Sa mission se révèle délicate quant à l'avenir du statut concordataire d'une Alsace-Lorraine de retour dans une France laïque. Jean-Baptiste Pelt décède le 10 septembre 1937. Monseigneur Heintz va lui succéder.

## *Entre deux chapitres*

Soumise à une procédure particulière dans les diocèses concordataires, nommée « *terna* », la nomination d'un évêque reste soumise à l'assentiment du chef de l'état.(5)

Nous comprendrons ainsi la nomination, sous la monarchie de Juillet, de Mgr Dupont des Loges, royaliste. Mgr Fleck nommé évêque coadjuteur en 1881, un alsacien bien implanté en Moselle, adversaire de l'infaillibilité du pape, ne devait pas déplaire au Chancelier Bismarck dans son combat du *Kulturkampf* contre l'Église catholique. Quant à Mgr Benzler, Guillaume II espérait par par le choix d'un prélat allemand une meilleure germanisation des provinces annexées. Quant à Mgr Pelt, ayant achevé ses études théologiques à Saint Sulpice à Paris, Clémenceau en 1919 voyait dans ce Mosellan un évêque neutre, éprouvant de forts sentiments lorrains pour la France en mesure de freiner la montée de l'autonomisme.

En 1937, à la succession de Mgr Pelt, le gouvernement et l'épiscopat français, face à la montée du nazisme en Allemagne voisine et d'une guerre probable contre la France allait soutenir un évêque susceptible de soutenir un clergé messin tourné sans conteste vers la France dans l'orage menaçant. Nous verrons que les évènements furent plus fort, hélas.

(5) La procédure prévue par le Concordat de 1801 décrite page 112.

# Chapitre II
# La seconde guerre mondiale

## L'Épiscopat de Mgr Jean Joseph Heintz

Évoquer le nom de Mgr Heintz, c'est raviver la mémoire d'un homme d'église bienveillant face à la brutalité des évènements de 1940 dans le diocèse de Metz. La Providence le place sur le Siège de Saint Clément au moment de l'affaire diplomatique de Munich, prélude aux misères de la Guerre.

De parents alsaciens, Monseigneur Heintz nait à Reims en 1886. Prêtre diocésain, il est rappelé sous les drapeaux à la déclaration de la guerre de 1914 en tant qu'aumônier militaire. Le 25 janvier 1934, il reçoit l'onction épiscopale dans la cathédrale de sa ville natale avant sa nomination à la tête du diocèse de Troyes, en remplacement du célèbre Monseigneur Feltin, futur cardinal-archevêque de Paris. Il a 48 ans.

Le 9 juin 1938, a 52 ans il assure la succession de Monseigneur Jean-Baptiste Pelt, évêque de Metz. Ses origines alsaciennes, sa formation dans le diocèse des sacres des rois de France, puis ses fonctions épiscopales au diocèse de Troyes, Mgr est porteur d'un réel sentiment d'attachement à la France qui contribue à sa nomination à la tête d'un diocèse « Alsacien-Lorrain » à une heure où la France craint le nationalisme extrême de l'Allemagne voisine.

En effet, Metz voit son annexion au 3ième Reich allemand le 17 juin 1940, un peu plus de vingt années après son retour à la France en 1919. Cette ville historiquement romane et francophile, fragilisée, doit rester la locomotive du sentiment national français d'une région majoritairement et historiquement germanophone, ce que les autorités allemandes lui reprocheront dès leur arrivée.

Le 18 Juillet 1940, les vainqueurs signifient au Préfet de la Moselle la fin de l'administration française au regard de l'annexion de la Moselle (et de l'Alsace) au Reich, bien que l'armistice de Juin 1940 ne l'évoque en aucun cas. Le drapeau à la croix gammée flotte sur la Cathédrale de Metz.

Aussi, à l'approche du 15 août, la ville se prépare à honorer la promesse faite à la Vierge de se rendre Place Saint Jacques en procession solennelle à travers les rues de la cité épiscopale, rendre hommage à Marie. La ville répondait ainsi au vœu formulé Mgr Benzler au cours de la première guerre mondiale. Ce 15 août 1940, le destin de Monseigneur Joseph Heintz bascule avec celui de la ville et de son diocèse. Les autorités allemande interdisent cette manifestation religieuse.

Malgré l'interdiction formelle, les messins cheminent individuellement déposer au pied de la Vierge, bouquets et objets fleuris aux couleurs françaises, ainsi qu'une Croix de Lorraine fleurie, remarquable par sa dimension, sur laquelle apparaît la légendaire devise liée au symbole du Chardon Lorrain : « *Qui s'y frotte s'y pique !* » Allusion faite à une résistance (spirituelle) des Lorrains ? Dans la foule impressionnante apparaît Monseigneur Joseph Heintz. Les autorités allemandes y voient une provocation.

La presse locale titre :

« *Comme tous les ans à pareille date, les habitants de Metz ont fait leur pèlerinage à la statue de la Vierge, place Saint Jacques* ».

Le lendemain matin dès 6 heures 30, alors que Monseigneur Heintz s'apprête à dire la Messe au couvent des Sœurs de l'Espérance installé dans l'enceinte du palais épiscopal même, deux officiers SS se présentent à la porte de l'évêché qu'encercle déjà la force armée. On lui signifie son expulsion par décision de l'autorité allemande. Monseigneur dispose que de deux heures pour se préparer au départ avec seulement 50 kgs de bagage et 2000 francs (de l'époque).

Bien avant cet incident, le ministre du culte allemand Kerrl demandait au futur Gauleiter Bürckel l'évincement du prélat de son siège épiscopal, n'étant pas incardiné dans ce diocèse.

Monseigneur craint un instant devenir martyr par déportation. On lui reproche le ton de ses prônes et sa langue « française ».

Joseph Heintz tente de connaître les motifs de cette lourde sanction. Il demande sa traduction devant un tribunal et rappelle la décision du Pape de lui confier la charge de pasteur du diocèse de Metz. Il rappelle également la signature par l'état Allemand d'un concordat avec Rome et que les nominations d'évêques se décident à présent entre le Pape et le Chef de l'État. Rien n'y fait.

Finalement, l'évêque expose encore une requête, celle d'emporter son calice personnel offert par le clergé mosellan lors de son intronisation. Cette demande bien que recevable subit l'opposition de la Gestapo au regard de la réglementation allemande des changes qui fait obstacle à toute exportation de valeur précieuse. Le calice confisqué est soigneusement mis à l'écart par un fervent catholique en poste dans les services allemands. L'objet sacré sera restitué à Monseigneur à son retour en 1944.

La maman de Monseigneur Heintz en résidence chez les Sœurs de l'Espérance dans l'enceinte même du palais épiscopal, embrasse son fils avant son départ. Au grand étonnement de l'entourage allemand présent sur le moment à l'évêché, elle recommande en alsacien à son fils la prudence. Madame Heintz au vu son âge peut rester demeurer à l'évêché.

On exige de Monseigneur de revêtir la tenue civile pour quitter l'évêché. Il s'y refuse en clamant qu'il ne possède plus aucun effet bourgeois dans sa garde-robe, qu'il ouvre aux visiteurs, depuis son ordination sacerdotale comme le veut la règle.

Arrivé, près de Châlons-sur-Saône, Monseigneur Heintz débarqué de l'automobile de la Gestapo devant le poste de contrôle de la ligne de démarcation, va surprendre la gendarmerie française. Un évêque abandonné comme un colis à deux mètres de leur guérite en pleine campagne décontenance la brigade. Les deux officiers SS remontent dans leur véhicule et saluent militairement le prélat. En réponse à leur civilité, ce dernier leur répond en allemand :

« *Je vous souhaite un bon voyage (de retour) et que Dieu vous pardonne tout.* »

À ces paroles ils blêmirent.

Monseigneur reçoit un bon accueil dans un village démuni de prêtre depuis très longtemps. Il rejoint ensuite l'archevêché de Lyon qui le prend en charge.

En attendant la libération de Metz, Monseigneur Heintz se met au service, notamment, de l'évêché de Saint Flour dans le Cantal en Auvergne et se donne pour mission de poursuivre sa mission pastorale de son diocèse messin se voulant rester l'évêque des Lorrains évacués et dispersés dans toute la France.(6)

Mgr Heintz éloigné, les autorités allemandes vont avouer leur intention d'éradiquer le diocèse en commençant par les écoles religieuses, le petit séminaire de Montigny-lès-Metz et enfin le grand séminaire.

---

(6) Bibliographie du chanoine Antoine Sutter : Mgr Joseph-Jean Heintz (1886-1958) centième Évêque de Metz Pèlerin de J'espérance, Metz, Évêché, 1987.

## Le grand séminaire de Metz une priorité pour les autorités allemandes ?

Dès leur arrivée au mois de Juin 1940, les autorités allemandes décident d'installer les services de police dans les locaux du grand séminaire de la ville. Son supérieur l'abbé Lallier demande au chef de la Police qui se présente à lui pour l'en aviser :

*« Où irons nos étudiants ? », on lui répond « En Allemagne ! »*

Mgr Heintz expulsé depuis le 16 Août de son diocèse n'en reste pas moins son pasteur légal selon le droit canon. Or dans les projets d'Hitler, peu importe, il considère le Concordat de 1801 caduque par la seule chute de l'état français, ce qui n'est pas l'avis du Vatican bien entendu. Au lendemain du retour de l'Alsace-Lorraine, Georges Clémenceau chef du gouvernement français du moment le reconduit, surpris certainement par une demande inopinée d'agrément dans la nomination d'un successeur au trône épiscopal de Strasbourg vacant au lendemain même du retour de l'Alsace-Lorraine à la France.

L'ambassadeur de France au Vatican, Monsieur François Charles-Roux reste de l'avis contraire comme il le rapporte (7)

*« J'étais en meilleure posture pour traiter de questions ecclésiastiques se posant en Alsace-Lorraine. Là dans les trois départements du Haut-Rhin, du Bas-Rhin et de la Moselle, nous avions maintenu en vigueur*

---

(7) Charles-Roux François ambassadeur de France au Vatican, dans « Huit ans au Vatican » chez Flammarion - 1947. Il est le père du célèbre ecclésiastique Jean Charles-Roux, royaliste, officier supérieur de cavalerie. Celui-ci se voit confier quelques missions diplomatiques au Moyen-Orient par le pape. Contre la volonté de son père, il se fait prêtre, devient curé de l'église Saint Paul à Londres avant d'entrer dans la Congrégation des Pères Roseminiens à Rome. Il décède en 2014 à l'âge de 100 ans. Il est l'auteur de divers ouvrages, notamment « Louis XVII, la Mère et l'Enfant martyrs » chez Cerf 2007.

*le concordat de 1801, auquel les Allemands n'avaient pas touché entre 1870 et 1919. Je ne suis pas sûr que sa validité, après le retour de l'Alsace-Lorraine à la France, fût considérée comme juridiquement inattaquable par le Vatican ; car elle constituait un régime ecclésiastique d'exception pour trois départements réincorporés dans le pays en état de séparation avec l'Église. Je crois même que le Cardinal Gasparri, en 1919, avait jugé le concordat de 1801 caduc en Alsace. Mais, très judicieusement Clemenceau avait résolu la question dans le sens contraire, en prenant l'initiative de proposer au Saint-Siège de nouveaux évêques pour Metz et Strasbourg et en les faisant, après leur investiture par le Pape, nommer par le Président de la République. Lorsqu'il y eut lieu de pourvoir à la vacance du siège épiscopal de Metz, le précédent de 1919 fit jurisprudence et l'application de la procédure concordataire ne souffrit aucune difficulté.*

Seul le pape peut en décider autrement dans la mesure où cette question serait à l'ordre du jour d'un Traité de Paix (Signé en 1990... !).

Comme l'y autorise le droit canon en ces circonstances, Mgr Heintz administre son diocèse par correspondance dans toute la mesure du possible. Avec l'assentiment de Rome, en son absence, empêché, ses deux vicaires généraux, Mgr Louis et Mgr Schmit, (8) celui-ci expulsé ultérieurement, assurent la « direction » du diocèse, nommés administrateurs apostoliques. S'ils portent la mitre et la croix pectorale épiscopale seulement, et non l'anneau, leurs pouvoirs sacramentaires restent limités et en exclue le sacrement de la confirmation et les ordinations sous-diaconales, diaconales et sacerdotaux. Aussi l'évêque de Spire, Mgr Bastian et son coadjuteur à venir Mgr Wendel (8bis) assureront ces sacrements parcourant la Moselle au cours de la guerre.

---

(8) Ne pas confondre avec Paul Joseph Schmitt.
(8bis) Mgr Wendel nommé Archevêque de Munich après la Guerre assurera ces sacrements. Avec Mgr Bastian qui ordonne déjà 48 séminaristes le 21 Décembre 1940

L'évêché de Spire est avisé de la venue de 200 séminaristes messins. L'évêque du lieu accepte à condition que l'on complète le corps professoral de professeurs messins. Or nous avons lu dans le billet écrit par Pierre Schwenck dans le Bulletin « Paroisse Lorraine » que peu de séminaristes se décident à partir pour l'Allemagne.

L'abbé Alphonse Lallier, le directeur du séminaire de Metz, refuse son transfert. L'abbé Bauvert accepte en revanche le titre de directeur du séminaire messin en Allemagne. Il y restera jusqu'à la fin de la Guerre. Les règles de discipline messines resteront appliquées pour les séminaristes lorrains.

Sur treize professeurs du grand séminaire de Metz seuls trois se résoudront à se rendre à Spire ! Les cours de théologie réservés aux professeurs allemands seront donc dispensés en langue allemande ainsi que toutes les autres matières. Pierre Schwenck recevra en charge l'enseignement des « Écritures Saintes ».

Le grand séminaire à Spire est donc un séminaire ordinand. En conséquence des ordinations sont envisagées.

Après les hésitations et les craintes éprouvées par Mgr Heintz (en exil) et l'abbé Lallier quant à la qualité de l'enseignement et des conditions d'accueil, les renseignements obtenus se révéleront très favorables et c'est en toute quiétude qu'à Metz on décide de diriger sur Spire 110 nouveaux séminaristes. Pour la vie à venir de la maison de Spire il convient de se reporter au texte intégral d'un billet publié sous la signature de Pierre Schwenck dans le bulletin diocésain de Metz du 10 Mai 1946.

Pourquoi cet acharnement envers le diocèse de Metz, et précisément sur son grand séminaire, alors que le diocèse de Strasbourg semble bénéficier d'une certaine tolérance dans ce domaine, bien que la cathédrale de Strasbourg soit fermée au culte sur décision des autorités allemande ?

Avant de poursuivre les circonstances de l'extradition vers l'Allemagne du grand séminaire messin, essayons de cerner les raisons et les origines de cet acharnement. Pour cela il faut remonter l'histoire du diocèse au cours de la première annexion allemande en 1871.

## *Comprendre la seconde annexion par la première*

La réannexion de l'Alsace et de la Lorraine de 1940 à 1945, comparée à celle du *Kaiserreich* de 1871 à 1919, apparaît brutale et sans pitié, allant jusqu'à mener certains ressortissants à la mort. Ce fut une double dictature, militaire et politico-policière intraitable. Pourquoi cet acharnement sur l'Alsace-Lorraine et particulièrement dans le département mosellan ?

Le Troisième Reich considérait cette part de l'ancien Duché de Lorraine, allemande. À l'expérience de la première annexion, il entreprit une épuration drastique de tout de ce qui s'opposait à l'intégrité » germanique distillée par l'idéologie de la race supérieure allemande.

Souvenons-nous, le programme d'Hitler reposait sur l'annulation du Traité de Versailles de 1919 considéré injuste, conclut selon lui par un complot international. L'Allemagne devait retrouver ses frontières de 1919 et par conséquent les territoires perdus du *Kaiserreich*, tant à l'Est qu'à l'Ouest et notamment l'Alsace-Lorraine. Dénoncer un tel traité à portée mondiale ne pouvait se réaliser que par la guerre menée par l'Allemagne contre tous les états signataires et amis du Traité de Versailles !

Le parti National-Socialiste né « avec » Hitler dans les années d'après-guerre de 1914, arrivé au pouvoir ne quittait pas des yeux les développements politiques et sociaux depuis 1919 en Alsace-Lorraine. Les réseaux de renseignements allemands prenaient connaissance de la vie publique et politique dans les futurs territoires annexés afin de préparer la prise de pouvoir à Metz et à Strasbourg dès l'entrée de l'armée et de la police secrète d'état (la Gestapo). Nous verrons ultérieurement qu'il suffisait d'ouvrir un journal allemand en 1930 pour connaître dans le détail la vie au grand séminaire de Metz et de ses tendances politiques.

Bien renseignés sur les populations considérées ennemies du Reich, entrés au lendemain de l'Armistice de Juin 1940, triomphant à Metz, les services spéciaux allèrent sur le champ « neutraliser ceux qu'il considérait ennemis de l'état totalitaire » : avant tout l'Église Catholique, comme ce fut le cas en Pologne. Les Français ont-ils conscience que la Moselle a frôlée les mêmes malheurs qui s'abattirent sur les Polonais, cela dit sans aucune pensée réductrice quant aux souffrances mosellanes sous le 3ième Reich : loin de là ! Réaliste-t-on que Metz et Strasbourg et leurs départements ne furent pas occupés mais annexés, c'est à dire placés sous les lois nazies ! Certes il ne s'agit pas d'indifférences françaises des zones occupées et libres, mais d'un manque d'information de la condition des alsaciens-lorrains de l'époque.

Pour le régime nazi l'annexion de 1871-1919 par le *Kaiserreich* fondé par Bismarck fut « ratée », par manque de fermeté et Dieu sait que les alsaciens-lorrains en avaient pourtant souffert.

Au 19ième siècle l'Allemagne et une part de l'Europe restaient gouvernées par des princes. Nous étions loin de nos hommes politiques modernes actuels, nationaux et voir supranationaux. Le pouvoir princier ou royal gouvernait sans se préoccuper de la langue parlée par leurs sujets, ne leur imposant pas la langue du pouvoir dans leur quotidien.

En 1871, la vision d'une Allemagne unie nationalement avaient convaincu les rois et les princes allemands, surtout Bismarck, pour des raisons économiques et politiques évidentes que l'époque exigeait. On agissait et on gouvernait selon des principes chrétiens.

La Révolution Française avait semé la Liberté et la notion de citoyenneté en Allemagne comme dans une grande partie de l'Europe. L'amour du Pays avait pris le pas sur l'amour de son souverain par la « grâce de Dieu ». Bismarck, royaliste et luthérien convaincu, concevait une Allemagne fédérale réduite aux dimensions que nous connaissons, mais sans l'Autriche. Or la masse populaire plongée dans l'imaginaire d'un retour du Vieil Empire (Saint-Empire), rêvait de l'union des peuples allemands dans les limites de 1648 dans lesquelles figuraient les Alsaciens et les Lorrains, leurs « frères de sang » …. Le pangermanisme était né et cela ne suffisait pas à ce mouvement. N'allons pas plus loin, nous savons que les racines du nazisme se sont nourries de cette idéologie.

L'Alsace-Lorraine s'était préalablement à ce retour dans « les coulisses de l'histoire », intégrée à la France et à la République, même si elle guerroya, pas farouche, pour le maintien de la langue allemande millénaire dans l'enseignement, témoignant cependant un sentiment d'attachement sans limite au christianisme majoritairement catholique. Bismarck en était convaincu.

Le fondateur du *Kaiserreich* ne souhaitait-il intiment l'annexion de l'Alsace et de la Lorraine ? Elle s'est pourtant faite, malgré ses doutes, ne voyant pas d'autres solutions satisfaisantes à la sécurité de la future Allemagne et devant l'aveuglement pangermaniste. Le temps ayant œuvré, sa conscience lui dicta de surveiller personnellement les évènements dans les pays annexés, craignant qu'elle tournât à la situation polonaise. Or tout puissant chancelier, très apprécié par les Allemands qu'il fût, Bismarck tenait son autorité non pas du suffrage universel mais de la seule volonté du Roi de Prusse.

Depuis la disparition de Frédéric II et des évènements post révolutionnaires de 1848, la dynastie des Hohenzollern se méfia du peuple, renforçant la fidélité au trône de ses chefs militaires. Or le peuple et les généraux firent comprendre très nettement au pouvoir royal leur désir profond sinon impératif d'annexer l'Alsace et la Lorraine. Leur imaginaire nourrit par le souvenir du Saint Empire faisait de ces deux provinces une « légende » ou un « mythe ». Le réveil fut brutal ! Les Allemands nombreux détachés pour l'administration des nouveaux territoires ainsi que l'armée déchantèrent ! Le Gouverneur de Lorraine en 1911 (!) déclara au nouveau chancelier Bismarck : « *On ne peut rien faire avec ces gens (mit diesen Leuten !)*. Les nazis s'en souviendront en 1940.

On voulut démanteler la Lorraine et la partager avec la Prusse (aujourd'hui la Sarre), la Bavière et l'Alsace. Ce schéma fut adopté en 1940 par Hitler finalement, ce qui explique le rôle de Spire dans l'administration de la Moselle de ce moment.

Le Prince Alexandre de Hohenlohe dans Souvenirs d'Alsace-Lorraine 1870-1923 remarquait à ce propos :

> « *Se ménager les bonnes grâces des évêchés de Strasbourg et de Metz était indispensable à qui voulait gouverner le Reichsland (Alsace-Lorraine) en paix* » *Ce fut un principe que tout haut fonctionnaire qu'il fut préfet ou gouverneur allemand (Reichstatthalter) que retenait en mémoire au cours de la fonction.* »

La mémoire de Bismarck prise « en otage par les nazis », ces milieux souhaitaient tirer des leçons de la première annexion en allant droit au but, décapitant le Diocèse dès leur entrée à Metz.

En 1871, le diocèse était placé sous l'épiscopat de Monseigneur Dupont des Loges (1843-1886) de noblesse bretonne, grand partisan de la France en Lorraine face à l'annexion allemande. Élu au Reichstag en 1874, il se déclare député protestataire où il exige que la population annexée puisse s'exprimer à propos de son incorporation forcée au nouvel empire allemand. Il s'oppose à ce sujet avec Mgr Raess, évêque de Strasbourg qui précise que nulle population catholique en Alsace-Lorraine ne remettra en cause le traité de Francfort. Il ne siègera qu'une seule fois en trois ans. (Rappel).

D'une façon générale, y compris l'évêque allemand Mgr Willibrord Benzler au début du 20ième siècle, les évêques de Metz marquèrent les limites à ne pas franchir au pouvoir politique. Et on peut même affirmer que le diocèse de Metz avait pris sous le régime du *Kaiserreich* sa dimension spirituelle extraordinaire qui fit dire à Mgr Heintz en arrivant « *Quel beau diocèse !* ». Et cela ne fut pas du goût d'Hitler.

Les nazis se donnèrent l'ambition de réparer les « erreurs » du *Kaiserreich* depuis 1871. Les idées du Prince de Hohenlohe à propos des évêchés de Metz et Strasbourg : « ... *se ménager les bonnes grâces les évêchés de Strasbourg et de Metz»* étaient considérés comme une faiblesse du *Kaiserreich*. Par exemple :

- Le maintien du Concordat en Alsace-Lorraine rendu responsable du manque d'attachement à l'Allemagne de la part des Lorrains !
- L'action du diocèse de Metz sur la Lorraine avait donc été bénéfique et Hitler ne le tolérait pas.
- Et cela est sans compter avec l'action du « Souvenir Français ».

Le Souvenir français, une association créée en 1887 se donna pour mission de garder la mémoire des soldats morts pour la France, l'entretien de tombes et de monuments commémoratifs. Elle fut tolérée, Bismarck donnant son assentiment. Or depuis le territoire français sous couvert d'une action humanitaire, sincère, dans l'entretien des cimetières et du souvenir des morts, l'association diffusait également la mémoire de la France en Lorraine et tout particulièrement dans la zone francophone messine.

Ces quelques éléments parmi bien d'autres alimentèrent la colère nazie.

## *La hargne allemande contre le grand séminaire*

Dans son ouvrage intitulé « Mgr Joseph Schmitt Pèlerin de l'Espérance », le Chanoine Sutter relate la période douloureuse de l'annexion nazie de 1940. Il évoque très brièvement une des raisons de cette rancune contre le séminaire, sous-entendu par l'Allemagne.

Dans les archives du grand séminaire, dossier Lallier-Schwenck, il apparaît que l'institution passait pour la centrale à Metz du patriotisme français. Faut-il faire un rapprochement avec les articles parus dans la presse allemande vers 1930 ? Dans son

Journal, Jean de Pange, (9) note, en effet, qu'il se trouvait le 27 Novembre 1930 chez monsieur Adenauer à Cologne, (10) Maire de la ville rhénane, futur premier chancelier de la jeune République Fédérale Allemande en 1949. Ce dernier lui dit :

> « Vous qui êtes messin, que dites-vous des nouvelles publiées par les journaux sur ce qui se passe au grand séminaire de Metz ? Nous croyions jusqu'ici qu'en France les ecclésiastiques n'étaient astreint qu'au service de simple soldat. Cela représente déjà beaucoup de temps sacrifié au dieu de la guerre. Mais nous voyons que vous introduisez même dans les séminaires, qui devraient être des asiles de paix, des écoles de perfectionnement d'officiers de réserve. Ces séminaires vous en faites des centres de militarisme ».

Hormis le séminariste Paul-Joseph Schmitt, officier sortie de l'école des officiers de réserve de Saint-Cyr et l'abbé Pierre Schwenck officier de cavalerie, cités dans les présents écrits, nous relevons les quelques noms suivants : L'abbé Émile Berra, professeur au grand séminaire est commandant d'un Bataillon de chasseurs alpins (BCP).

L'abbé Julien Leclerc, directeur du grand séminaire, sans citer les nombreux prêtres officiers de réserve mobilisés qui sont forcément passés par le séminaire messin.(11)

Le professeur Lucien Pierre Hennequin, occupe également la direction du journal catholique « Le Lorrain » d'une tendance très conservatrice et nationaliste française. Il décèdera en Mai 1940. (12)

---

(9) Jean de Pange, journal (1927-1930), Paris, Grasset et Fasquelle, 1964, page 349. »
(10) Adenauer sera le premier chancelier de la République Fédérale Allemande fondée en 1949.
(11) Après le concile Vatican II on aura pourtant condamné les mêmes familles bourgeoises françaises pour leur patriotisme en envoyant de leurs enfants au grand séminaire et dans les écoles d'officiers pour servir Dieu et la France. Ce qu'on appelait alors des familles traditionnelles sont devenues des traditionalistes « d'extrême droite »?
(12) L' Église Mosellane Écartelée (1939-1945) par Philippe Wilmouth chez Serge Domini Éditeur.

Il est bien évident que les séminaristes visés par le journal de Cologne, s'ils furent officiers ne suivirent pas forcément le séminaire de Metz vers Spire.

Cette brève énumération ne représente que quelques prêtres-officiers du séminaire sur une courte période d'avant la guerre. Cela ne justifie certainement pas les raisons d'une telle focalisation sur le grand-séminaire par la Gestapo en 1940 sur le grand-séminaire car la haine se portait sur tout le diocèse et sur son évêque qu'ils trouvaient « trop français ». Cependant, il y a lieu de tenir compte du *turnover* d'étudiants et de professeurs au cours des années avant la guerre et qui nous sont inconnus. On imagine aisément que ces prêtres soient issus de familles patriotiques et cela nous lorrains nous le comprenons, l'annexion de 1871-1919 a marqué les esprits. Or ces prêtres sont des pasteurs. Ils enseignent la population catholique. Les sermons du Dimanche et les associations périphériques nombreuses et actives furent de précieux relais d'entretien de la mémoire. Et pour les générations d'après-guerre, dont votre serviteur, celles-ci ont connu les sermons et lettres pastorales à forte orientation politique notamment au cours de la Guerre froide.

Ce que ne comprenaient pas le pouvoir politique allemand, même « bismarckien » dans une moindre mesure, c'était l'absence de frontière entre le service rendu à Dieu et à celui dû à la Patrie. Peut-on servir deux étendards ? En tout cas jamais celui du nazisme! N'était-ce pas une tradition bien française, hérité de son passé royal ? Si l'Allemagne gagnait en sécurité en implantant sa défense à Metz en 1871, en revanche surgissait un nouveau problème sécuritaire avec la population. C'est en cela qu'il convient d'interpréter la comparaison faite par Bismarck d'une Lorraine annexée avec l'annexion partagée de la Pologne avec la Russie. D'autres provinces telle que la Vendée restent encore dans la douloureuse mémoire de la persécution révolutionnaire, par ce qu'elle plaçait ouvertement Dieu avant le pouvoir politique. Dieu par nature est jaloux et le pouvoir politique moderne également, ce que la doctrine catholique traditionnelle ne supporte pas. En cela le Concile Vatican II a mis un terme en proclamant la liberté religieuse. Dieu ne nous demande pas d'être martyr.

Précisons encore le *Gauleiter* Bürckel ordonna non seulement la fermeture du grand séminaire de Metz mais aussi de toutes les écoles confessionnelles y compris les petits séminaires tel que celui de Montigny-lès-Metz. Il fallait tarir la source en amont des grands séminaires sachant que l'éducation chrétienne des familles reste le foyer à la base de toutes les vocations religieuses.

Certes le séminaire de Metz fut déporté dans le sens littéral du terme. Ce que recherchait avant tout les autorités allemandes, fut son isolement, étant considéré commun foyer du patriotisme français, sachant que la parole du prêtre en Moselle de cette époque était écoutée.

Enfin l'Allemagne Nationale Socialiste n'avait pas oublié les problèmes que posèrent l'annexion d'une partie de la Lorraine de 1871 à 1919 par le *Kaiserreich* fondé par Bismarck. Il était utile de revenir rapidement sur ce sujet. Revenant sur la visite qui fit Monsieur de Pange au maire de Cologne à Monsieur Adenauer.

## *Note annexe. Le Chanoine Sutter.*

En 1939, il entre au grand séminaire de Metz, transféré à Spire en Novembre 1940. Exempté du service du travail du Reich (*Reichsarbeitsdienst*), il est néanmoins incorporé comme la plupart des séminaristes lorrains de Spire dans l'armée allemande en septembre 1943. Ayant d'abord fait partie d'un service auxiliaire vétérinaire à Leipzig, il fut dirigé sur le front de l'Est en mai 1944. Fait prisonnier en Janvier 1945 par les Russes, il fut interné successivement à Częstochowa (Pologne), Stanisławów et enfin Tambow (Russie). Très marqué par cette période de son existence, il laisse un très intéressant récit de souvenirs, resté inédit. Libéré en octobre 1945, il achève ses études au grand séminaire puis ordonné prêtre le 29 juin 1947.

## *Note annexe. Le mouvement autonomiste en Alsace-Lorraine*

Un autre aspect de la vie catholique en Alsace-Lorraine entre les deux guerres mondiales fut le mouvement autonomiste en Alsace surtout, relativement moindre en Moselle Nord. Or ce mouvement fut principalement animé par beaucoup de prêtres catholiques. Nous reproduisons à nouveau un extrait des mémoires de Monsieur François Charles-Roux ambassadeur de France au Vatican entre les deux guerres, relatif à cet aspect de la vie politique, alors que le clergé représentait de tout temps un relais important dans ce mouvement. Le pouvoir politique nazi en s'étendant en Alsace-Moselle en 1940 avait conscience du poids de ce réseau clérical qu'il convenait de juguler.

> *« Il importait beaucoup que le mouvement autonomiste alsacien, à la tête duquel était un prêtre politicien, l'abbé Haegy, ne put pas s'autoriser de griefs du clergé local ou des fidèles contre notre administration et notre gouvernement. L'on avait pu le craindre, en 1924, à l'avènement du premier cartel des gauches… ! M. Herriot avait alors eu le bon sens de s'en aviser à temps et de faire machine en arrière. L'autonomisme n'en avait pas moins poursuivi sa campagne, non sans s'associer des prêtres, mais en rencontrant chez d'autres et en tout cas, chez les évêques, un désaveu absolu. Revenu au pouvoir en 1932, M. Herriot ne m'avait pas caché qu'il eut aimé voir les curés alsaciens plus réfractaires à l'autonomisme.*
> *J'eus plusieurs fois, de ma propre initiative, à en entretenir le Cardinal Pacelli ; j'insistais auprès de lui sur l'intérêt de l'Église elle-même à ne pas se laisser compromettre par un mouvement d'origine suspecte et de but trouble. Le nonce à Paris, me répondait-il, avait eu instruction d'agir sur le clergé alsacien pour le mettre en garde contre l'agitation politique et, à cet effet, avait chapitré l'abbé Haegy en personne. J'aurais souhaité*

*davantage que, pour accroître l'autorité de l'évêque de Strasbourg, dont le patriotisme français nous était une garantie, le chapeau de Cardinal fut mis sur sa tête. Mais cela regardait le Pape, et j'ai dit la susceptibilité de Pie XI en matière de promotions cardinalices, or il tenait plus compte des considérations de personne, que de celles de siège.*
*Ce qui, finalement, nous fut le plus utile contre l'autonomisme alsacien, pour détourner de lui la masse catholique, fut la politique antichrétienne du Reich hitlérien et les vexations des nazis d'Allemagne contre l'Église. (J'en parlerai tout à l'heure). Elles nous firent valoir, par comparaison, aux catholiques d'Alsace l'infinie supériorité de nos procédés.*
*La flambée autonomiste pâlit et s'éteignit.* » (Dans « Huit ans au Vatican »

## Le séminaire de Metz en question par Adenauer et Jean de Pange

Jean de Pange « 1881-1957 » du château du même nom et la « Question lorraine ».

Cet intellectuel et historien lorrain époux de la princesse Pauline de Broglie, résidait en zone linguistique romane près de Metz. La question alsacienne-lorraine l'interpelle au cours des nombreux voyages à l'étranger avec son père diplomate, notamment à Vienne Autriche-Hongrie.

Cette famille de noblesse lorraine vit au cœur de la réalité historique d'un Duché de Lorraine partagé en deux zones linguistiques entre un Bailliage d'Allemagne d'expression germanophone et des deux autres bailliages d'expression romane. Une telle situation linguistique réside dans la zone intermédiaire entre le monde germanique et roman, à savoir, belge, suisse, Nord Italien et bien entendu en Alsace-Moselle. Or la naissance de l'idéologie pangermaniste née avec la création de la Confédération Germanique en 1815 a remis en cause la fragile paix linguistique entre Wallons et Flamands en dans les provinces de l'Est français depuis l'annexion allemande de 1871 à 1919. On note cependant que ce caractère dualiste regrettable n'a pas été remise en cause en Suisse, grâce à ses traditions, son système politique et enfin sa neutralité. Reconnaissons qu'en Moselle, l'Église Catholique par son évêché a su maintenir la paix linguistique dans le diocèse.

La famille de Pange par ses origines et ses traditions conserva cette saine vision d'une Lorraine bi-linguistique et non bilingue et d'un sentiment d'appartenance à un seul drapeau.

La volonté allemande d'annexer la Lorraine dite « allemande » (linguistiquement) et de l'Alsace, reposait essentiellement sur l'idée de reconstituer le Saint-Empire dans une forme politique moderne. Ce projet a failli se réaliser en 1815, le Congrès envisageant d'attribuer la Lorraine à l'Autriche et non à la Prusse. Les Habsbourg embarrassés par leurs difficultés politiques en Hongrie et en Italie déclinèrent l'offre. La Prusse saisit alors l'occasion une nouvelle fois de réclamer l'Alsace et la Lorraine, ce que le Congrès de Vienne lui refusa.

Jean de Pange, par sa double culture et son esprit transnational et fédéraliste, souhaitait associer les peuples sans les confronter... Son amitié avec Robert Schuman l'engagea à porter dans l'entre-deux-guerres l'idée européenne. C'est dans ce cadre qu'il rencontra Adenauer à Cologne en 1930. Son engagement contre le nazisme lui vaudra d'être arrêté par la Gestapo le 16 mai 1941, à Paris.

Fondateur de la Société des Amis de l'Université de Strasbourg (1919), il est chargé de cours au Centre Universitaire de Mayence (1922).

Après le retour de l'Alsace-Lorraine à la France, le gouvernement français en quête de l'adhésion totale de populations, cherchait une solution à la « Question d'Alsace et de Lorraine ». Jean de Pange consulté recommande le Maréchal Lyautey qui lui fit part de son opinion :

> « *Refaire une grande Lotharingie allant de la Suisse à la Mer du Nord et englobant la Franche Comté et la Lorraine. On rapporte que le Maréchal avait déclaré « je n'aime pas le drapeau tricolore, je n'aime que le drapeau lorrain. Je me sens chez moi dans toute la Vallée du Rhin, à Mayence, à Coblence parce que je suis Franc !* »(13)

Cette belle vue de l'esprit ne put contenter ni la France, ni l'Allemagne. Et pourtant la création d'un espace tampon ou d'un glacis entre la France et l'Allemagne fut souvent évoquée parce que nécessaire. Était-ce réalisable… ? Qui se souvient de ce que les Lorrains, à l'idée de devenir Français, voulurent quitter la Lorraine quand François II d'Autriche envisagea d'échanger le Duché contre la Toscane?

Sur un autre registre, Jehanne la Lorraine consciente d'être étrangère à la France au même titre que d'autres régions, n'en a pas moins reconnue la protection du Royaume de France contre celle de la Bourgogne. Or un amour de la patrie à l'époque de Jeanne d'Arc ne pouvait en aucun cas être assimilé, ni comparé au nationalisme des citoyens modernes. La fidélité de Jeanne résidait dans son attachement pour son duché à une Couronne de « par la grâce de Dieu ». C'est en cela qu'il faut comprendre les paroles du Maréchal Lyautey à propos du drapeau tricolore et de ses services de grand chef militaire au service de la France,(14) ce que ne pouvait accepter le Duc de Chambord en son temps.(15) À présent on peut réfléchir sur le fait que l'Église puisse confondre parfois en un seul

---

(13) Monsieur Patrick Perin directeur du Musée des National des antiquités Directeur au CRNS et enfin Président de l'Association Française d'Archéologie Mérovingienne. Sa synthèse archéologique et historique sur la Moselle du Bas Empire et mérovingienne remet en cause la vision classique d'une frontière linguistique en Lorraine datant de l'époque franque et tire un trait sur les idées reçues sur l'histoire de la région et de la Moselle. Ce que l'on nomme le francique ne doit pas son émanation et son implantation géographique aux francs. L'auteur remet en cause toutes les théories allemandes de la colonisation franque.
(14) Paul Sérant dans la France des minorités chez Laffont.
(15) Le retour à la monarchie se posa après l'annexion de l'Alsace-Lorraine en 1871. Le comte de Chambord, alors prétendant légitime à la succession au trône de France refusa la couronne finalement, intransigeant sur le maintien du drapeau tricolore, exigeant le drapeau blanc à fleurs de lys. Ce refus fut bien accueilli par Bismarck.

chrétien le sabre et le goupillon, c'est-à-dire des prêtres-officiers. Soyons assuré que même l'Allemagne Hitlérienne avait conscience de cet aspect en Lorraine dans les églises et les séminaires tout du moins.

A présent, il est également utile, sinon nécessaire, de rappeler que dans la zone germanophone de la Lorraine (l'ancien Bailliage d'Allemagne), nombre de paroisses dépendaient de l'Archevêché de Trèves ou de Spire (*Speyer*) et que leurs évêques manifestaient peu d'empathie envers les Français pour d'autres raisons. En effet, les guerres de conquêtes sur l'Allemagne par Louis XIV laissent dans le Palatinat après les massacres beaucoup de souvenirs douloureux. Avant la Révolution française, l'Alsace relevait de cinq évêchés différents. 352 villages alsaciens dépendent des évêchés de Spire en Allemagne et de Bâle en Suisse allemande. Pourquoi cette précision ? Voir la carte n°1 et 3.

Jusqu'à la réorganisation cléricale et la signature du concordat en 1801 entre la France et le Vatican, l'enseignement resta dans les mains des Églises romaine et protestante et prodiguée en langue allemande. Cet usage se perpétua après 1816, ce qui donna lieu à des luttes linguistiques entre les territoires germanophones (ainsi qu'en Alsace) et le pouvoir parisien. Ce fut un échec en grande partie pour Paris. Ainsi en 1871, la Moselle germanophone retrouva l'enseignement en langue allemande plus que millénaire. Ceci ne concerna pas les paroisses romanes du Sud Mosellan.

Finalement, que souhaitaient ces populations incontestablement de culture germanophone au 19$^{ième}$ siècle ? Les slogans de ces pays de l'époque l'évoquent : « *Rester ce qu'ils sont.* » Ce qui signifie « ne pas entrer dans une superstructure nationale », quelle qu'elle soit afin de conserver son âme.

Toutefois dans ces anciennes paroisses dépendantes de Trèves notamment dans le canton de Sierck et de Spire, on relevait encore dans les années 50 quelques nuances dans la perception de la France, précisons tout de suite, dans la plus pure tradition

Lorraine germanophone ancienne et n'oublions pas que « la langue véhicule l'esprit... »

Ce juste équilibre culturel et linguistique en Lorraine, dans le secteur roman messin et dans celui du nord mosellan germanophone, remis en cause par des idéo linguistiques, a finalement bien résisté depuis la Révolution Française. Cette paix en revient à la nature pacifique des lorrains alliés à l'héritage culturel de l'ancien Duché de Lorraine que les évêques messins surent consolider. Certes ces sentiments furent parfois excessifs en zone romane, les vieilles familles confondant le patriotisme de Jeanne d'Arc avec celui de la France, (et pourquoi pas ?) alors que dans le Nord mosellan germanophone régnait encore l'esprit des anciens évêchés allemands, précisons rhénans et palatins. L'Église de Moselle représentait un lien social évident et fort qui avait fait la force de ce diocèse. Cartes 1 et 3.

Cette situation exceptionnelle en Lorraine, ne pouvait que contrarier les projets du nazisme allemand. Le grand séminaire de Metz représentait alors l'avenir de cette plateforme. C'est une des raisons pour laquelle les autorités allemandes tentèrent de disperser le troupeau.

## *Le grand séminaire déporté à Spire 1940-1944 Par Pierre Schwenck*

### *Note préliminaire*

Nous reproduisons intégralement ci un article rédigé par Pierre Schwenck dans le bulletin du Diocèse de Metz « La Paroisse Lorraine » du 10 Mai 1946. Qui mieux que tout autre témoignage indirecte que celui authentique du professeur en écritures saintes du grand séminaire de Metz envoyé à Spire, nous servira à comprendre cet épisode de la tragique histoire du diocèse de Metz lors de l'annexion allemande nazie de 1940 à 1945 ?

Nous avons cru utile d'introduire dans le texte des notes de bas de page afin préciser au lecteur la signification de certains mots ou noms évidentes à cette époque.

**Début de citation**

« Dès les premières semaines de l'occupation allemande, les nouveaux maîtres manifestèrent leurs intentions sournoisement hostiles et leur volonté d'en finir au plus vite avec le grand séminaire de Metz. Les bâtiments sont réquisitionnés ; deux professeurs sont expulsés. Que vont devenir les séminaristes ?

Les rentrés de captivité après quelques mois de dure famine ; les uns reviennent de la Vienne ou de la Charente, où ils se trouvaient évacués avec leurs familles. Beaucoup sont entrés en « France libre » (16) Ceux qui vivent en Lorraine occupée doivent se demander comment ils pourront terminer leurs études. Ne peuvent-ils pas avoir les plus graves appréhensions pour leur ministère futur ! Ne faut-il pas craindre que l'effondrement catastrophique du pays en Juin 1940 n'entraine un affaissement de l'idéal personnel chez le grand nombre ? Aussi la direction du Grand-Séminaire est-elle décidée à reprendre au plus tôt, malgré toutes les difficultés, la grande œuvre de la formation sacerdotale.

*Basse-Bévoye, première escarmouche*

Le 30 Août 1940, Monsieur le Supérieur convoque les élèves des deux derniers cours pour le 17 Septembre. C'est à la maison de campagne de Basse-Bévoye (Village dans la banlieue de Metz que l'on essayera de constituer ce nouveau grand séminaire, qui n'aura de « grand » que le nom puisqu'il comptera que 18 séminaristes.

Mais la seule annonce de cette rentrée avait suffi pour alerter la nouvelle autorité scolaire. Le 15 Septembre, deux jours avant la rentrée à Basse Bévoye, un sieur Wambagams, représentant de l'Instruction Publique du *Gau Saarpflaz*, vient demander au grand séminaire de Spire

---

(16) Il ne s'agit pas de la « France-Libre du Général de Gaule, mais de la zone non occupée au Sud de la France. Note le l'auteur.

que l'on veuille bien accepter 20 séminaristes du diocèse de Metz. Quelques jours après la rentrée, le même personnage se présente à l'Évêché et au grand séminaire de Metz pour discuter les possibilités d'un transfert de tout le Séminaire à Spire, ou plutôt de tous les séminaristes ; car il ne pouvait être question de maintenir une administration autonome au grand séminaire de Metz.

Le représentant de Bürckel (17) écoute poliment toutes les objections d'ordre juridique et politiques, mais une fois rentré chez lui, il écrira simplement : « *En me référant à ma dernière visite, je me vois dans l'obligation de vous faire savoir que le transfert du grand séminaire de Metz à Spire doit se faire immédiatement !* » (Lettre du 23 Septembre 1940)

## *La déportation à Spire*

Le Jeudi 26 Septembre, la police se présente avec un grand déploiement de forces et de voitures à Basse Bévoye pour cerner la propriété et emmener les quelques « 200 séminaristes » à Spire. Mais sur les 18 occupants de ce séminaire miniature 12 seulement acceptèrent de faire le voyage à Spire, les autres préférant attendre la rentrée générale. Les grands autocars durent partir à vide pendant que la police escortait la petite avant garde vers le lieu d'exil.

Au grand séminaire de Spire, il faut le dire, l'accueil fut très cordial, la sympathie très franche, la volonté de rendre service évidente. Peut-être pouvait-on déceler chez l'un ou l'autre de ces séminaristes allemands quelque fierté secrète à recevoir chez eux des « frères séparés » ? Mais les nouveaux venus se chargèrent dès les premiers jours de dissiper assez brutalement tout équivoque, ils ne cachent rien de leurs sentiments français, tout en appréciant la charité vivantes, large et compréhensive de leur nouveau séminaire, et la propreté exemplaire de la maison.

Le premier pas est fait. Le 29 Septembre, Monsieur le Supérieur lance une convocation générale: que tous les séminaristes susceptibles

---

(17) Le Gauleiter de l'ensemble *Moselle-Sarre-Pfalz*.

de rentrer se préparent pour le 10 Octobre 1940... À la date prévue, quatre grands autocars rayonnent à travers le pays et emmènent une centaine d'élèves et quelques professeurs à Spire. Les esprits sont inquiets et les âmes pleines d'appréhensions ; la vue des ruines dans le pays de Forbach augmente encore la mélancolie du voyage.

L'on tient cependant à nous faire voir quelques beaux coins du « *Pfalzer Wald* » - et sans doute pour forcer notre admiration – un tronçon de l'autostrade. La ville même de Spire nous semble plutôt calme et modeste. La cathédrale seule fait impression. À notre arrivée, les douze éclaireurs venus le 26 Septembre, sont réunis avec la direction de la maison pour nous souhaiter la bienvenue sous le beau porche qui donne accès au grand séminaire. Les premières impressions sont favorables.

*Vie dans l'angoisse*

À l'intérieur du Séminaire la vie s'organise rapidement, mais à l'extérieur, il faudra des mois avant que le public ne s'habitue au spectacle en quelque sorte exotique des sorties ou promenades des clercs messins. En effet, des séminaristes si nombreux et si graves, se promenant en soutane et en manteau long, portant le chapeau ecclésiastique français – ce pauvre chapeau constituait pour les spectateurs amusés le comble du ridicule – ces séminaristes parlant impertinemment le français, provoquaient les rires des uns, les colères des autres et peut-être encore les appréhensions des bonnes gens, qui savaient la police partout... Heureusement pour nous, la police ne s'en mêla que pour étouffer quelques dénonciations à propos de correspondance défaitiste, de conversations avec les prisonniers etc.

Aux derniers jours d'Octobre, commencent à circuler les bruits concernant la « transplantation » projetée par Burckel, le Gauleiter de l'ensemble *Moselle-Sarre-Pfalz*. Les premières nouvelles paraissent encore absolument incroyables : mais déjà les premiers télégrammes arrivent pour rappeler certains séminaristes dans leur famille. Rapidement la mesure se dessine dans toute son ampleur. Les départs se multiplient. Une trentaine de séminaristes quittera Spire à cette occasion : quelques-uns reviendront d'ailleurs après un séjour de plusieurs semaines dans leur famille. Nos hôtes allemands sont indignés et consternés autant que nous.

Le 22 Novembre arrive une carte postale de Monsieur le Supérieur de Metz (18) Monsieur l'Abbé Lallier, datée de la veille :

*« C'en est fait. Tout le Séminaire est expulsé d'ici, l'Évêché, beaucoup de prêtres, presque tous. Nous avons vingt minutes pour nous préparer. À la grâce de Dieu. »*

À Spire c'est l'atterrement ! Même les plus optimistes perdent courage et préparent prudemment leurs bagages, s'attendent d'une heure à l'autre à l'expulsion. N'avait-on pas profité de la même occasion pour charger la plupart des juifs qui vivaient encore à Spire et pour les faire passer à titre d'expulsés lorrains en « France libre » ? Les jours suivants, les nouvelles se trouvent en partie rectifiées et il s'avérait que le Grand Séminaires de Metz avait été oublié dans la bagarre.

### Premières ordinations de prêtres

Burckel a beau faire apposer des affiches pour déclarer que les expulsions sont définitivement arrêtées, l'on n'ajoute pas foi aux assurances officielles. L'on craint, au contraire, qu'un même sort n'aille frapper toute la Lorraine, et à Spire, plus encore qu'en Moselle, la fièvre de l'affolement monte toujours. Quel délais vont-ils nous départir ? Ne vaut-il pas mieux, dans ces conditions, ordonner prêtre les séminaristes qui sont sous-diacres depuis Juillet 1939, quitte à les maintenir au Séminaire en vue d'un achèvement normal de leurs études, si la situation le permet. Ne vaut-il pas mieux, si le reste de notre population doit être déporté

---

(18) Le directeur du grand séminaire à Spire.

dans le *Warthegau,* qu'ils partent là-bas comme prêtres, au service de leur compatriotes ou encore qu'ils aillent en France libre et quels soient en mesure de rendre service immédiatement ?

L'ordination est décidée pour le 21 décembre 1940. En quelques semaine il faut voir sommairement quelques traités théologiques les plus importants, il faut préparer les cérémonies de la messe, prendre une petite une petite initiation pastorale, recevoir le diaconat et se préparer à la prêtrise… Dans la fièvre des évènements, les professeurs oublient jusqu'aux examens canoniques…

Pendant la retraite d'ordination les alertes sont fréquentes et prolongées. Mais cette ordination si douloureuse, provoque de la part de la population catholique de nombreuses et touchante marques de sympathie, et, malgré tout, le premier trimestre se termine sur une note de confiance : Dieu ne nous abandonnera pas.

Au second trimestre, la situation se stabilise quelque peu : il y a environs 110 séminaristes messins, après le départ des 13 jeunes prêtres, ordonnés le 21 Décembre 1940 ; et aussitôt nommés à différents postes de vicaire dans notre diocèse. Mais le nombre de séminaristes diminuera toujours. Comme nos petits séminaires sont supprimés, il y aura toujours moins de « nouveaux ». Par contre, les ordinations sacerdotales se feront normalement. Il y aura en tout 33 jeunes prêtres messins ordonnés à Spire pour le compte de notre diocèse. Ce renfort était très apprécié à une époque, où plus de la moitié du clergé se trouvait expulsée.

À partir d'Octobre 1941 la communauté se trouve partagée en deux : la section des théologiens sous la direction de Monsieur le Chanoine Bauvert se trouve au grand séminaire proprement dit, les autres cours, sous la direction de Monsieur Hillard-Montigny ; occupant les locaux d'un internat catholique, qui se trouvera de ce fait soustrait à la confiscation. Dans chacune de ces maisons la vie du Grand Séminaires finit par s'organiser et par s'épanouir, loin de toute immixtion administrative ou de quelque contrôle policier. Il régnait là-bas une atmosphère bien plus calme et plus libre qu'à Metz.

### Enrôlement dans la Wehrmacht

Tout alla bien jusqu'en Été 1943. L'heure de la détresse militaire est venue depuis longtemps pour l'Allemagne et beaucoup de nos compatriotes sont déjà embrigadés de force dans la *Wehmarcht*. Notre marche au Calvaire commence, sombre drame lorrain, qui n'est compris et senti que par ceux qui y ont passé. La complexité tragique du problème se trouve exprimée par ces simples chiffres :

Sur 81 séminaristes inscrits au mois de Mars 1943 comme mobilisables sur la liste de la Wehrmacht, 24 passeront la frontière ou disparaitront dans la clandestinité avant d'être convoqués. Sur les 57 qui furent effectivement mobilisés entre Juin et Décembre 1943 : 3 sont renvoyés et 9 abandonnent la *Wehrmacht* avant la débâcle, 9 sont tombés ou mort dans les camps russes, de 6 autres l'on est sans nouvelles (front russe) et 30 sont rentrés.

À nos pertes causées par la *Wehrmacht* ou la captivité, il faut d'ailleurs ajouter les noms de 8 séminaristes morts des suites de la guerre ou tombés dans la lutte directe contre l'Allemagne entre 1940 et 1945. Que la mort des uns ou des autres serve à féconder l'apostolat de tous ceux qui ont survécu à la tourmente. »
**Fin de citation.**

Pierre Schwenck et l'abbé Bauvert quittent Spire à l'Été 1944, il n'y a plus d'élèves. Mais la guerre n'est pas finie.

### Quelques aspects de la vie spirituelle à Spire

Dès leur arrivée à Spire en Octobre 1940, les séminaristes lorrains, au contact de leurs collègues allemands, découvrent un nouveau courant liturgique en Allemagne dépassant finalement le cadre leurs études et qui risquait d'atteindre la doctrine catholique traditionnelle. Quelques séminaristes allemands évoquaient avec « enthousiasme » des nouveautés des messes dites communautaires face au peuple et lues ou chantées en langue vulgaire, c'est-à-dire en langue allemande etc. Ces pratiquent sont aujourd'hui courantes. Cet « hyperliturgisme » fit l'objet d'appréciations diverses et mitigées dans le corps des étudiants messins.

Or les tenants de ces nouveautés critiquaient la récitation du chapelet ! Ils adoptaient en outre un cadre liturgique, des habits sacerdotaux et du mobilier dépouillés, prônant une grande simplicité face à la riche liturgie sortie d'un autre âge etc…

L'abbé Herrig, professeur à Spire, nommé, quelques temps après son arrivée, vicaire général à Metz, certainement alerté par ses séminaristes se rend immédiatement en Allemagne pour réagir vivement contre ces pratiques. Or ces nouveautés faisaient déjà l'objet d'une thèse par un éminent prêtre du diocèse de Trèves, intitulée « *Sentire cum Ecclessia* », une vieille tirade de la plus pure tradition catholique, c'est-à-dire « respirer » spirituellement avec l'Église ! Cette locution courante dans l'institution romaine, alors encore, faisait appel à la fidélité de la parole de l'Église… dans une communion parfaite des fidèles avec elle.

La seconde guerre mondiale fut une époque charnière. Des idéologies refoulées jusque-là réapparurent et prirent le pas peu à peu sur les anciennes et font encore l'objet de discussions et de discordes. Les esprits conservateurs se déclaraient fidèles à ce que l'on leur avait transmis, que ce soit dans l'église ou dans la vie ordinaire, considéraient ces nouveautés comme des trahisons.

Qualifiés de nos jours de modernistes ces mouvements se réclamaient de la « Renaissance » de l'Église, considérant la lourdeur de la liturgie associée aux règles de vie classique coupables de détourner les prêtres de leur mission. Depuis Luther, le monde chrétien partagé entre Réforme et Catholicisme romain s'est ouvert peu à peu aux réformes. Mais fallait-il encore « *séparer le bon grain de l'ivraie* ».

Monseigneur Jean Joseph Heintz - Évêque de Metz de 1938 à 1958

# Chapitre III
# L'après guerre mondiale

# *Die Stunde null*(19)

Le caractère mondial de la guerre déclarée le 1er Septembre 1939 entre l'Allemagne et la France justifie la diversité des intervenants dans les négociations et les traités à portées internationales. C'est un fait depuis la Guerre de Trente-Ans achevée en 1648 par le traité européen de Westphalie. La guerre mondiale de 1939-1945 conséquente à celle de 1914 correspond à un affrontement de forces dominantes victorieuses sur des champs des batailles modernes. Toute guerre se prépare et peut donc en cacher une autre.

Le 8 Mai 1945 commémore l'armistice de la capitulation de l'Allemagne et non de la paix. Elle sera signée à Berlin en 1990 entre les grandes puissances vainqueurs, les USA, l'URSS, le Royaume-Uni et la France. Nous savons qu'en l'attente d'un traité de paix introuvable, la guerre dite « froide » se traduit par un conflit souterrain et idéologique entre deux blocs. L'Église, institution mondiale, subit de plein fouet les effets secondaires de ces évènements en prenant une part active à leurs évolutions. À l'aurore d'une timide sortie de cette période, un vent de liberté et de paix universelle souffle sur un monde « fatigué » par le fardeau des

---

(19) Voir la Revue d'Allemagne et des Pays de langue allemande – n° 46 Juin 2014. Dossier « *Les Fondements normatifs de l'État constitutionnel moderne en Allemagne* » – Sciences Po Strasbourg.

traditions contraignantes considérées d'un autre temps. Mais le monde va découvrir peu à peu une nouvelle ère et un nouvel ordre mondial.

En Mai 1945, l'Allemagne est anéantie. Après les derniers pilonnages bombardiers et les assauts des forces armées alliées, dans les ruines encore fumantes des grands centres totalement détruits, survit une population dépourvue des moyens essentiels à sa subsistance. Au lendemain de l'Armistice, on retiendra l'expression *Die Stunde null*, c'est à dire « l'Heure Zéro », d'une situation exceptionnelle dans un vaste territoire dévasté, sans état et sans plus aucune infrastructure. C'est aux vainqueurs de la guerre que reviennent les droits et les devoirs conséquents à une victoire totale.

Or, les institutions religieuses vont occuper un rôle essentiel humanitaire, social et moral, auprès de la population. Leurs actions, leur crédibilité et leur « autorité » sont reconnues par les forces d'occupation. Les alliés occidentaux admettront leur poids politique du moment. Le crédit des Églises catholiques et protestantes se confirmera au cours de cette période d'incertitude du pays, notamment lors de la gigantesque entreprise de dénazification opérée par les instances internationales. Une telle entreprise, délicate, risque par des appréciations à chaud, d'entrainer des injustices et avec de graves conséquences. Les institutions religieuses auront su prévenir avec toutes les précautions, parfois difficilement, les autorités du moment.

Viendra le temps de la réflexion à propos de la projection des futures institutions politiques à mettre en place par les pays vainqueurs en étroite coordination avec les représentants moraux et politiques d'une nation sortie péniblement de sa torpeur de la période du totalitarisme nazi. Il aura fallu trouver et extraire les racines du mal qui risquaient peut-être resurgir et permettre l'éclosion de la fleur de ce mal. Il fallait retracer les principes et le fonctionnement de la première et fragile démocratie allemande de Weimar.

Les Églises furent donc consultées à leur tour à propos de la future Loi Fondamentale *Grundgesetz* d'un nouvel État allemand. Ces institutions confondirent leur crédit moral et social du moment avec une réelle influence politique sur l'avenir. Leur optimisme du retour d'un état chrétien en Allemagne fut une illusion. Mais, les Länder dans leurs futures constitutions leurs réservaient finalement peu d'attributions.

Les démocraties modernes, pluralistes, s'ouvraient davantage après la libération de l'Europe et s'émancipaient de l'Église Catholique avec ses structures et sa doctrine millénaire, pas prête à reconnaître les « Droits de l'Homme ». Comment pouvait-elle prétendre occuper une place déterminante dans la reconstruction de l'Europe sur des bases libérales d'un monde en pleine mutation culturelle et technologique. La constitution de la République Fédérale Allemande, réalisée en 1949 en toute sérénité avec une vision réaliste d'une Europe divisée appelée à se retrouver un jour, marqua finalement ses distances avec les institutions romaines.

Jusqu'à quel point Rome pouvait-elle agir sur elle-même pour retrouver dans le monde politique une place qu'elle considérait lui être attribuée de droit ? La réponse à ce dilemme se trouve certainement dans les variations de sa doctrine millénaire qu'elle projeta dès lors. Elles aboutiront par les réformes du Concile de Vatican II de 1962 à 1965.

## *Vers une nouvelle pastorale*

En Novembre 1947, Mgr Heintz se rend à Rome pour la visite obligatoire *ad limina*. Le pape Pie XII ne lui donne qu'une seule consigne : l'Action Catholique. La grande guerre dernière avait bousculé le monde chrétien. Il fallait reprendre le fil avec le monde, et les fidèles sous un jour plus actuel et réanimer toutes les associations de jeunesse telles que « Cœurs et Âmes vaillantes ».

Ces actions fondamentales aux yeux du pape furent confiées alors en partie à l'abbé Paul-Joseph Schmitt qui devint aumônier de la JOC. Il prit l'initiative de créer l'AMOL, un cadre d'accueil et pour les jeunes dans leurs loisirs et des colonies de vacances pour les enfants scolarisés.

Avec le jeu des déplacements des prêtres, Paul-Joseph Schmitt devient le directeur à part entière des « Œuvres de Jeunesse ».

Or Mgr Heintz souhaitait formellement que les fidèles catholiques n'adhèrent pas aux Syndicats de défense des travailleurs, la doctrine de ces organisations lui apparaissait « opposée à la foi de l'Église et à la morale chrétienne ». Comment le futur évêque de Metz à 22 années de son sacre épiscopal va-t-il gérer ces directives alors que la situation sociale et économique en Moselle allait se développer favorablement dans les années à venir selon les prévisions émises dès le début de son épiscopat ? Toutefois il regretta (il en fut contrarié très longtemps) de n'avoir pas pu accéder aux fonctions professorales du Grand-Séminaire. Parallèlement il relance les humanités chrétiennes.

Mais le temps des loisirs des populations, chrétiennes ou non, sont de plus en plus ouverts aux nouveaux médias : radios, télévisions etc. Ce thème préoccupe le pape Pie XII qui proclame une encyclique à propos du cinéma et de la musique profane (de qualité).

À la suite du synode diocésain de 1948, Mgr Heintz règlera par décrets le chant de la musique sacrée, le fonctionnement des conférences ecclésiales en les orientant vers le soutien aux vocations sacerdotales et l'accès à la presse et au cinéma pour les fidèles du diocèse. Dans les années 50, de mémoire personnelle, les lettres pastorales de l'évêque sont régulièrement lues en chaire. Elles s'adressaient aux parents et leurs soulignaient la prudence dans le choix des lectures de leurs enfants et des affiches de cinéma.

Paul-Joseph est chargé dès 1950 de l'aumônerie nationale de la « Fédération française des étudiants catholiques ». La foi et la culture devaient se compléter où l'une devait mener à l'autre. Dans cet entourage il élargira son cercle de connaissance particulièrement auprès des personnalités en vue.

En 1958, le futur pasteur du diocèse prend la direction du célèbre collège épiscopal de Bitche. Il y enseigne également.

Depuis la fin de la guerre, le diocèse et le monde occidentale traversent une époque de transition entre un monde catholique tridentin et une société catholique éclectique et modernisante. Mgr Heintz soutien contre vents et marées la presse catholique de langue allemande indispensable aux mosellans d'expression germanophone, afin qu'ils puissent se nourrir des nouvelles catholiques. Il déclare : « *Les Mosellans ne peuvent s'en passer, ils (ces journaux) sont vitaux pour leur foi.* » Mais avec le temps les lecteurs diminuent et les ventes aussi. Le journal, le Courrier de Metz bilingue meurt en 1961.

Les Mosellans germanophones constatent peu à peu la rupture culturelle entre parents et grands-parents de foi traditionnelle avec leurs enfants devenus progressivement francophones. Seule la vieille liturgie demeurait pareil à elle-même et par le latin. Les chants et cantiques nouveaux d'un ton apparaissent peu à peu et s'imposent. Les prônes en allemand doublés en français sont maintenus jusque dans les années 1960. La vieille génération a disparue. Cette fin des temps coïncide avec l'arrivée d'une liturgie et d'une pastorale nouvelle parfois brutale dans sa nouveauté. Les avis sont partagés.

La fracture complète est consommée avec la disparition des vêpres du Dimanche qui s'achevaient par une visite systématique au cimetière. Sans vêpres plus de sorties vers le cimetière et cela a un impact certain sur le culte des morts si cher à la Lorraine. La télévision, le cinéma, le sport etc… comblent alors les « temps vides » des Dimanches après-midi et le jour du Seigneur s'achève devant la télévision et le son de celle-ci couvre le son de l'Angélus.

L'idée que la culture pouvait sauver la foi est un échec, à double titre par sa médiocrité noyée par l'information politique qui s'impose le Dimanche depuis 1974.

La dimension de l'église s'est réduite à la hauteur de la simplicité du culte.

## Faisons le point et résumons-nous

Entre le Concile Vatican 1er interrompu par la Guerre de 1870 et celui de Vatican II, les évêques de Metz accomplissent leur épiscopat sous les effets des trois guerres franco-allemandes. Celles-ci donnent lieu à des alternances politiques oppressantes. Les guerres sont des ponts entre deux cycles de paix souvent précaires.

Certes la période révolutionnaire vécue dans le diocèse de Metz représente un prélude à l'histoire des 19 et 20$^{\text{ième}}$ siècles. Elle n'entre pas dans le sujet des présents écrits, bien qu'elle soit à l'origine d'une lutte linguistique contre l'imposition de la langue française aux populations germanophones Nord mosellanes.

La langue allemande n'est donc pas une nouveauté en Moselle, beaucoup reste persuadé que l'annexion allemande en soit à l'origine, alors qu'elle fut la langue d'enseignement depuis toujours. Les évêques soutenaient les populations dans leur bras de fer avec le pouvoir parisien, pour des seules raisons spirituelles exposées dans la présentation de NNSS Dupont des Loges et Fleck.

La Guerre de 1871 provoque un phénomène inverse. L'évêque de Metz prend alors la défense des fidèles francophones du Sud roman pour les mêmes raisons spirituelles.

Le calvaire de l'Église mosellane s'alourdit par les effets de la politique de germanisation en Alsace-Lorraine sous Guillaume II. Le monde entre dans les effets de l'idéologie et notamment de l'idéologie pangermaniste. L'empereur fonde quelques espoirs dans la nomination de Mgr Benzler, allemand, afin qu'il « fasse des allemands », mais le prélat s'y refuse élégamment.

Après la Guerre de 1914 l'éventuelle remise en cause du Concordat s'ajoute aux problèmes linguistiques, la France ayant rompu avec le Vatican, se montre sous le nouveau jour de la laïcité. Survient la montée du nazisme et la guerre de 1939.

L'idéologie est à son comble on « tue » et on « déporte » pour des idées. En 1940 les Nazis tentent d'éradiquer le diocèse de Metz selon leurs projets de lutte contre le Christianisme. Le monde entre alors dans une nouvelle persécution de l'Église. La guerre achevée, s'annonce le temps de la Guerre Froide.

Cette période représente pour l'Europe occidentale la « fin de règne » du catholicisme triomphant.

L'heure est venue d'aligner les pensées religieuses sur celles du pouvoir politique et ce temps coïncide avec la déchristianisation par l'entrée du monde dans l'ère de la société de consommation. Le combat de Mai 1968 marque la fin de la peur de la Guerre Froide. C'est une « libération de l'esprit ». C'est l'heure pour l'Église de mettre en pratique sa nouvelle pastorale promise en 1945.

Cette dernière étape ouvre l'ère de l'église souffrante et cette épreuve revient de « droit » à Mgr Paul-Joseph Schmitt le successeur de Mgr Heintz décédé en 1958.

## *Entre deux chapitres*

Reprenons à présent les parcours des abbés Paul-Joseph Schmitt et de Pierre Schwenck laissés en suspens au moment où leurs chemins parallèles divergent à la suite des évènements survenus le 16 Août 1940. La vie de nos deux personnages représente en quelque sorte la corde de nos écrits ou encore le fil de l'histoire du Diocèse de Metz sous les épiscopats de NNSS Pelt, Heintz et Schmitt.

Avant d'entrer dans cette période d'après seconde guerre mondiale marquée par le Concile Vatican II, nous tentons de croquer la silhouette de ces deux prêtres aux caractères bien différents mais complémentaires : « Pierre le silence et l'étude » et

Paul-Joseph, « le pasteur et le combat ». Mais surtout découvrons la nouvelle vie du Diocèse de Metz sous l'épiscopat surprenant de Mgr Schmitt.

L'époque post charnière de la seconde guerre mondiale tarde à se révéler par la mauvaise conjoncture internationale causée par la Guerre Froide, mais bénéfique sur le plan économique dont les retombées sur les pratiques religieuses sont importantes, sinon graves.

Après l'heure de la coexistence pacifique, la « Liberté » que tant attende, se déclare enfin dans les années 60 par le Concile Romain. Or les espoirs fondés en 1945, lors de la « *Stunde null* » s'avèrent décevants par les effets de ce concile d'espoir, mais à l'origine de nouvelles divisions. L'heure est à la dualité tous azimuts. Par ailleurs cette coexistence dite pacifique montre ses limites et impose aux pères de l'Église réunis dans l'Aula la censure du Kremlin à propos du Communisme si souvent condamné par Rome.

*

# Chapitre IV
# Chanoine Pierre Schwenck

## Pierre Schwenck, le silence et l'étude

L'évocation de la vie de tout ecclésiastique s'avère vaine si elle n'est pas replacée dans son contexte environnemental de son époque, de son cercle familial et dans celle de son évêque. De celui-ci tout prêtre reçoit la consécration sacerdotale et les pouvoirs sacramentaires, comme le montrait son étole jadis croisée, rappelant le caractère limité des pouvoirs du prêtre face à l'étole ouverte de l'évêque. Le sacrement de pénitence renommé « réconciliation » restait soumis à certaines conditions fixé et régénéré périodiquement par l'évêque. Ainsi toute vie pastorale s'inscrit dans celle de son pasteur. Cependant Pierre Schwenck a-t-il vécu l'expérience pastorale, telle que nous l'entendons dans le cadre d'une paroisse ou d'une communauté ? Il n'en fera l'expérience qu'à la fin de sa vie en tant qu'aumônier d'un hospice, avec beaucoup d'humilité, une de ses grandes qualités.

Après ses études romaines, il consacre son existence à une pépinière de séminaristes avec les soins, que cela requière au quotidien, conjugués avec certaines qualités particulières.

Séminaire tient ses origines dans le mot latin *seminarium* et signifie justement pépinière, son sens initial « principe vital d'un phénomène ». Ajoutons à cela que l'expérience palatine, contrainte et forcée de Pierre, exigeât une parfaite maîtrise de la langue allemande. Enseigner la théologie dans ces conditions demande une maîtrise totale de la langue utilisée. Finalement outre les qualités pédagogiques indispensables qu'il convient de posséder, la préparation de jeunes séminaristes à la prêtrise ne se résume pas à une simple obtention d'un diplôme ou d'une capacité nécessaire à exercer un métier, mais à celle « d'un passeur » ou d'un intermédiaire entre Dieu et les hommes.

La vie chrétienne de Pierre Schwenck commence sous l'épiscopat allemand de Mgr Benzler. Plus tard au petit séminaire de Montigny-lès-Metz, Mgr Pelt lui confère les ordres mineurs. Un peu avant la déclaration de la guerre de 1939, Mgr Heintz le consacre à la prêtrise. Mais très rapidement les évènements de la guerre après la défaite de 1940 et la réannexion allemande précipitent les évènements, son évêque est expulsé par les autorités allemandes.

Au cours de cette période noire exposée plus haut, le lien spirituel entre le père et le fils se brisa. Pierre non pas expulsé, mais exilé sous la pression des autorités allemandes, au séminaire de Spire dans le sud du Palatinat proche. Il est contraint d'y poursuivre sa mission d'enseignement et de formation de jeunes séminaristes. Ne plus être en communion directe avec son évêque représente une certaine souffrance spirituelle.

Pierre Schwenck fait partie de cette génération mosellane d'une époque transitoire. Né sous le *Kaiserreich* allemand, il découvre la France comme la résurrection d'une légende. Grande époque du bilinguisme que celle vécue dans un diocèse concordataire partagé entre une culture romane et une culture germanophone. Époque qui exige une grande capacité de mutation dans un milieu germanophone. Se pose au cours de cette transition la question linguistique d'enseignement, non pas seulement dans les études, mais dans celle qui alimente la foi. Les évêques de Metz de tout temps luttèrent contre les exigences d'un enseignement, même du peuple, dans la langue du pouvoir politique depuis la Révolution Française, puis sous l'annexion allemande.

En effet recevoir et entretenir la foi ne peut se faire que dans sa langue maternelle, celle qui ouvre la conscience de l'enfant et l'imprime pour la vie.

Pierre Schwenck avant tout homme d'étude fait preuve d'une grande activité intellectuelle, donc intérieure. Fut-il introverti ?

Certainement pas. Il se consacre en permanence à l'approfondissement de sa connaissance des écritures saintes et il écrira beaucoup lui-même. Osera-t-on à le comparer à Benoît XVI qui sa vie durant étudia, comme il le disait lui-même « *Je suis un rat de bibliothèque !*» Poursuivons cette comparaison, pour le seul exercice présent, entre deux professeurs au destin différent bien entendu, mais finalement si proche spirituellement et par conséquent seuls et conservateurs. Il faut des penseurs, des intellectuels, des missionnaires et des porteurs de vérité. Pierre en fait partie avec tant d'humilité, de discrétion et d'obéissance à lui-même et à l'Église et resté fidèle à son village natal et à son dialecte.

Après la guerre le diocèse martyr se remettra peu à peu. « Abîmé » il faut reconstruire les temples et les âmes et aussi la confiance mise en doute par la traversée d'une annexion nazie. Puis au cours des années des « Trente Glorieuses » l'optimisme revient, mais se révèlera qu'illusion. Pierre reste sur sa réserve et participe indirectement au Concile Vatican II en tant que conseiller théologique de son nouvel évêque Paul Schmitt. Mais quel évêque iconoclaste et contrasté aux origines et au parcours aux antipodes de celui de Pierre et au destin différent !

Enfin vient le temps des grands bouleversements dans l'Église, ce qui confirme encore une fois qu'il est un homme de transition. Vatican II ébranle l'Église et l'onde de choc n'en fini toujours pas. N'est-ce pas finalement le destin de l'Église ? Au centre de ces turbulences les Évangiles comme au cœur du brasier du Buisson Ardent demeurent et ne se consument pas. Cela correspond à la « philosophie » de Pierre Schwenck face aux évènements.

## *Les origines de Pierre Schwenck*

Consulter l'état civil de la Commune de Rettel dans l'arrondissement de Thionville du Département de la Moselle, c'est pénétrer dans un épais maquis. Mais depuis l'éminent travail de Monsieur Paul Lauer (20 page suivante) ce champs de recherche nous est facilement accessible. Retrouver les antécédents d'une famille du nom de Schwenck peut s'avérer éprouvant, à moins d'être initié, non pas forcément à la science généalogique, mais aux mailles produites par le métier à tisser des mariages à l'origine de la diversité indéfiniment renouvelable dans un village et de plus est lorsqu'un nom particulier prédomine d'une époque de familles nombreuses. Cependant, n'allons pas en déduire que toutes furent nouées entre elles par un lien de parenté. C'est un fait, malgré la sonorité particulière de ce patronyme bien germanique, il est identifiable sur tout le continent nord européen, sans pour autant être populaire et concentré, hormis en Alsace et en Moselle pour la France. Dans mes recherches, j'ai retrouvé un Pierre Schwenck né à son époque en Savoie. Cette vieille famille retteloise est une des premières à avoir su signer de son nom lisiblement et soigneusement dès le 17$^{ième}$ siècle.

Pierre vit le jour à Rettel, le 9 Mars 1908 dans la maison même de ses parents. Son père, Pierre, cultivateur et sa mère Anne, résidaient dans l'ancienne Rue Principale, renommée depuis 1983 Saint-Nicolas. Leur maison présentait des volumes importants utiles à l'activité agricole au regard des pièces d'habitation plus modestes et en nombre restreints pour une grande famille. Cependant l'espace nécessaire fut trouvé dans l'immeuble voisin du 15$^{ième}$ siècle de la Dîme avec laquelle la partie habitable communique depuis.

Six enfants composaient cette famille nombreuse : Mathias dit *Matti*, Jean mort le lendemain de sa naissance, un second Jean dit *Jhang* qui prendra la succession de la ferme, Anne décédée au bout de quelques mois, Marie et enfin le cadet Pierre.

Le soleil d'après-midi réchauffe la façade de la ferme familiale, mitoyenne de la fameuse Maison de la Dîme, proche de l'Église dont seul le clocher dominait le bourg.

---

(20) Rettel, mon village, ses familles reconstituées (1645-1908). Par Paul Lauer en Mai 2007.

En ce début du 20^(ième) siècle une importante activité fluviale à vapeur apportait un peu d'animation par l'écho des machines des embarcations. Les tombereaux et leur attelage produisaient à leur passage un vacarme épouvantable sur la route caillouteuse, nue de tout revêtement de macadam. Ce chemin menait aux terres généreuses de la « *Gewan* » (21) mais aussi au bac à la sortie du village permettant la traversée de la Moselle. Aujourd'hui ce bac détruit par les bombardements de l'armée de libération en 1944, n'a pas été remplacé et le village a su ainsi conserver son calme hors de toute traversée pour le bonheur de la population.

Rettel, un beau village, jouit d'un microclimat situé sur une majestueuse boucle de la Moselle. Les pierres de la belle chartreuse, détruite sous la Révolution Française, ont servi à la construction d'un couvent de Dominicaines après la Guerre de 1870 qui accueille de nos jours un institut médico-social d'aide aux enfants en difficulté.

Le quotidien des enfants de l'époque de Pierre fut sensiblement le même de ceux des années 1950-60.

Pierre comme tous les enfants du village a grandi dans la rudesse du climat et des traditions d'un village de la Vallée de la Moselle aux confins de l'Allemagne et du Luxembourg. La vie s'organisait alors au rythme des saisons et du calendrier lunaire, entre champs et église et, pour les enfants autour de la famille, de l'école, de la rue et des jeux, mais aussi avec une grande liberté dans la nature. Rêveur et poète à leurs heures, les métamorphoses saisonnières éveillèrent certainement sa sensibilité aux phénomènes naturels. Le carrefour linguistique du Pays favorisa son intérêt pour les langages, les signes et les symboles que lui

---

(21) Monsieur Gaston Roupnel dans son « Histoire de la Campagne Française » aux éditions Grasset de 1932, « *ce serait sur les espaces désencombrés des plateaux calcaires de l'Alb souabe que se situaient les « Gewanndörpfer »* qu'aurait pris naissance cette forme de culture. Dans ces villages s'y créèrent des territoires parcellaires, lesquelles parcelles furent groupées en quartiers et ceux-ci en soles. Cette notion de regroupement de même production se retrouve dans le mot sanscrit « *àjras* » qui désigne non pas à proprement parler le champ, mais l'ensemble des champs, la plaine cultivée, la campagne agricole.

inspirait son environnement. Pour cet enfant, son village était un tout, unique, un îlot dans une mer de verdure ou dans un océan de culture et ne pouvait qu'être qu'un microcosme.

En effet des siècles de turbulences politiques et guerrières avaient déchirés les familles de ces régions entre deux mondes belliqueux. Cela a fortifié leur attachement aux valeurs traditionnelles, leur foi en Dieu et en leurs terres desquelles dépendait leur existence. Armées de solides convictions, ces paysans cependant faisaient preuve d'un esprit pragmatique. Si elles s'en remettaient à la Providence, ils n'attendaient pas miracles pour améliorer leurs difficiles conditions. En revanche, elles avaient conscience qu'une large part du fruit de leur labeur dépendait du ciel, de celui qui fait la pluie et le beau temps ici-bas, et pratiquaient l'adage « *Aide toi, le ciel t'aidera* ».

## *Premières années*

Pierre Schwenck après le jardin d'enfants tenu par les sœurs dominicaines du couvent du village fit son entrée à l'école de garçons de Rettel. Son instruction primaire commence avec la grande guerre (1914-1918). L'enseignement est prodigué en langue allemande. Selon un témoignage oral d'un de mes oncles de la même génération, Pierre faisait preuve d'une intelligence supérieure à la moyenne générale de la classe. Malgré tout le respect témoigné par les enfants à leurs aînés, notamment à l'instituteur et au prêtre de la paroisse, Pierre, un matin, tient tête à son maître d'école Monsieur Klein. Mon père et mes oncles témoignaient de la rigueur de ce dernier et qu'il ne badinait pas avec la discipline.

Entre l'élève studieux et l'instituteur surgit soudain un différend à propos d'une démonstration d'arithmétique. Le maître n'apprécia pas la manière avec laquelle il fut interpellé par un élève sûr de lui et se montra surpris, légèrement courroucé ou froissé.

L'élève maintint son opinion en répondant : « *Diese lösung ist falsch !* » devant toute la classe, unique, silencieuse. Cela en resta là. (22)

Le Concordat de 1801 ayant été maintenu en Alsace-Lorraine en 1871, ainsi que les dispositions de la Loi Falloux de 1850, l'autorité allemande par soucis de clarification, précisa notamment les conditions de l'enseignement religieux dans les écoles (23) :

> « *Le maintien du caractère confessionnel de l'école publique fut pour les églises catholiques principalement, un renforcement de leur domination cléricale. Les fonctionnaires allemands, s'ils repoussaient la laïcisation, estimaient que la religion devait recevoir la première place à l'école dans la mesure où elle concourait à « la moralité et au respect du pouvoir établi et des lois ». Le régulatif du 4 janvier 1874 qui déterminait pour chaque religion reconnue un programme détaillé, lui attribuait un horaire hebdomadaire de cinq heures à raison d'une heure par jour, cette heure devant être la première du matin. La base était l'Histoire Sainte qui devait être présentée aux enfants, « selon une méthode sagement graduée dans les différentes divisions de l'école ». Le ministre du culte venait à l'école pour le catéchisme en dehors des heures de classe ; les instructions officielles invitaient les instituteurs à préparer les enfants de la première communion « à l'instruction religieuse qu'ils devaient recevoir du ministre du culte en donnant de courtes explications des mots et des choses propres à faciliter aux enfants l'intelligence du texte ». Si la collaboration légale entre le maître et le curé ou le pasteur était limitée à ce rôle d'auxiliaire, elle s'étendait en fait beaucoup plus loin car toute la vie scolaire était imprégnée et rythmée par un climat confessionnel : présence dans chaque classe d'emblèmes religieux, récitation matin et soir des prières, répétition des psaumes et des cantiques, initiation aux fêtes de la liturgie, etc....* »

---

(22) Témoignage familial.
(23) François Roth dans « La Lorraine annexée » aux Éditions Serpenoise en 1997.

Nous sommes à cent lieues de la laïcité de nos écoles actuelles. Cependant ces dispositions (allemandes) restèrent en vigueur encore à l'époque de ma propre scolarisation à l'école de Rettel des années 1950. En principe elles devraient être maintenues selon les dispositions du « Droit Local » toujours en vigueur en Alsace-Moselle à l'heure où j'écris ces lignes. Ces dispositions représentent, pour résumer, quelques acquis datant de l'annexion allemande à l'Alsace-Lorraine, maintenus, dans les trois départements de la Moselle, du Haut-Rhin et du Bas-Rhin : Concordat, droits sociaux, académie scolaire etc...

À la lecture de ces lignes on comprendra que toute la vie quotidienne de l'écolier et des familles fut imprégnée de la religion. Il faut ajouter à cela nos régions traditionnellement catholiques pratiquaient le culte des morts. Quelle pièce de nos maisons n'en témoignait-elle pas, par les signes de dévotions, les photographies des défunts etc. ? Ajoutons à ces ferveurs, les visites régulières au cimetière et les nombreux offices religieux à la mémoire des défunts des familles.

La journée de l'écolier commençait dès l'Angélus du matin, vers 6 heures. Il se levait, faisait un brin de toilette, prenait son petit déjeuner puis saisissait son « sac d'école » et se rendait à l'église assister à la messe du matin vers 7 heures, obligatoire pour tous les enfants scolarisés, hormis les jours de congé. Toutes ces messes, très fréquentées, généralement dédiées aux morts des familles furent chantées solennellement.

Tous les écoliers, selon un calendrier dressé par le curé, assuraient à tour de rôle le service à l'autel : en semaine deux servants aux messes matinales avant l'école et quatre enfants de chœur aux messes dominicales. Au cours des périodes liturgiques mariales de Mai, Août et Octobre, les jeunes garçons assuraient également le service aux offices du soir. Aux enterrements et mariages, généralement célébrés le matin, les écoliers désignés, abandonnaient l'école dès le second coup des cloches pour rejoindre l'église.

À cela il faut encore ajouter à ce programme les séances de catéchisme deux fois par semaine dans la salle de classe même, le matin généralement à la fin des cours.

Ainsi la vie de l'écolier était partagée entre école, église et travaux aux champs, le village étant essentiellement agricole. Pierre a certainement aidé au travail des récoltes des pommes de terre ou du regain, de la garde des vaches etc.

Pierre est repéré par le curé de la paroisse pour son intérêt aux études, son attrait de la liturgie, son caractère sage et obéissant et sa piété certainement, commença à l'initier à certaines matières comme le latin. Puis un jour devant les signes précurseurs d'une naissance d'une vocation probable ou certaine, le prêtre dirigea son élève vers des études « secondaires ». En Lorraine à cette époque les choix des collèges ou des *Gymnasium* est encore restreint. Pour un élève de bon niveau c'est vers l'actuelle Petit Séminaire de Montigny-les-Metz que le choix se portait dans ce cas. Son père, également prénommé Pierre, s'opposa vivement au curé de la paroisse pour son initiative.(24)

L'abbé Victor Schilles, originaire d'Uberhern près de Sarrelouis, en fonction à Rettel depuis 1913, le parraine et l'inscrit au Gymnase Épiscopal de Montigny-les-Metz, fraîchement restauré. Cet établissement fut créé par Monseigneur Dupont des Loges qui réalisa la construction de célèbre établissement, grâce à la générosité des fidèles du diocèse. Il fonda en 1863 un séminaire de philosophie au côté de celui de théologie.

L'établissement de Montigny obtient le label de Gymnase Épiscopal en 1911, grâce à Monseigneur Willibrord Benzler. L'école placée sous le contrôle de l'*Oberschulrat* (sorte d'académie allemande) bénéficie de subventions annuelles versées par l'état. Triés sur le volet pour leurs compétences, tous les professeurs détenaient un niveau de formation universitaire. À cette époque on comptait déjà une vingtaine de professeurs tous diplômés

---

(24) Témoignage de famille.

d'universités dont cinq détenaient un doctorat. En 1911, l'école est habilitée à délivrer des « certificats de maturités. » (25)

En marge de l'admission de Pierre Schwenck au petit séminaire de Montigny-lès-Metz, on remarquera celle de Joseph Repplinger, né le 22 Mars 1908 à Kirsch-les-Sierck, du même canton. Le hasard de la vie fera qu'ils se rencontreront dans d'autres circonstances. Tous deux reçoivent le sacrement de la Confirmation par Monseigneur Willibrord Benzler en 1919.

Un autre personnage, Joseph Schmitt de Basse-Yutz né un peu plus tard, le 31 Mars 1911, entre également dans cette prestigieuse institution, en 1922. Il y est confirmé le 23 Juillet 1923 par Mgr Pelt, évêque de Metz.

Le petit séminaire au cours de la guerre de 1914 ayant servi d'hôpital militaire, ses cours se poursuivirent à la « Sainte-Famille », les élèves prenant leur repas de Midi à la « Villa Choucroute » proche de l'église de Montigny. » (26)

## *Au grand séminaire*

Les grands bâtiments austères avenue Jean XXIII à Metz datant de 1745, abritaient jusqu'à ces dernières années le grand séminaire du diocèse. Après son baccalauréat, à dix-neuf ans Pierre franchit les portes de ce petit palais jour de la Saint Michel le 29 Septembre 1927 et jour anniversaire de l'ordination épiscopale de Mgr Pelt.

L'admission à cette vénérable institution exigeait une sérieuse préparation et une nouvelle tenue vestimentaire d'ecclésiastique à revêtir lors de la cérémonie d'intronisation, ce que l'on appelle de nos jours une « prise de soutane ». Aussi fallait-il prévoir l'achat de trois habits, dont un spécial pour les ordinations des premiers ordres mineurs, une pèlerine, un chapeau

---

(25) François Roth dans la Lorraine Annexée chez Éditions Serpenoise en 1997.
(26) Abbé Joseph Repplinger dans « 50 ans de sacerdoce » chez L'écho de Thionville en 1983.

d'ecclésiastique, une barrette, un col romain (au moins) et deux ceintures. Cela avait un coup pour les familles modestes ajouté à l'achat d'un bréviaire. Au total cela revenait à 1800 francs de l'époque. Les soutanes confectionnées au grand-séminaire, il fallait prévoir de se présenter devant le tailleur afin qu'il puisse prendre les mesures. Les règles du séminaire prévoyaient l'extinction des feux dès 21heures car on se levait à 5 heures le matin et suivait une première prière. Le Dimanche les séminaristes assistaient à la messe à la cathédrale et aux vêpres et assuraient chant et service. Les étudiants subissaient en outre une fois par mois un contrôle oral des connaissances acquises.

La cérémonie de la tonsure intervenait qu'au bout de deux années. Le service militaire venait briser le rythme des études. Fort heureusement en ces temps les séminaristes conservaient facilement le contact avec leurs familles et avec le grand-séminaire grâce au privilège accordé aux alsaciens-lorrains d'accomplir leurs obligations militaires dans leur département. Pierre fut dirigé vers la cavalerie.

À son retour il reçoit les ordres mineurs, au nombre de quatre, puis le sous-diaconat. À ce stade le séminariste s'engage à respecter son célibat jusqu'à la fin de ses jours et à lire quotidiennement le bréviaire.

À l'approche du grand jour des ordinations sacerdotales pour la prêtrise, généralement prévues fin Juin, le climat était électrique car l'admission définitive aux ordres n'étaient pas encore acquise et restaient soumises à quelques épreuves supplémentaires. Il fallait attendre la décision du Directeur du grand-séminaire qui l'annoncerait à chacun au cours d'un entretien personnel avec l'impétrant. La décision fut positive et Pierre reçut l'onction sacerdotale par Monseigneur Pelt à la cathédrale de Metz, après un grand oral devant neuf professeurs ou chanoines et après avoir suivi une retraite spirituelle de Saint-Ignace de six jours au cours de laquelle le silence total était de rigueur, hormis bien sûr lors des confessions avec le directeur de conscience choisit par chacun.

Le 16 Juillet Pierre est ordonné à la Cathédrale par Mgr Pelt au cours d'une longue cérémonie de quatre heures. Le lendemain tôt, les ordonnés allaient lire leur première messe sous le contrôle d'un prêtre. En fait les nouveaux prêtres disaient plusieurs « premières messes », ce qui fit Pierre à l'église de Rettel. Ce fut la fête au village. Celui-ci décoré pour la circonstance par toute la jeunesse, les villageois sous la présidence du curé partaient en procession accueillir le nouveau prêtre devant sa maison. La famille avait soin de construire un beau reposoir fleuri et décoré pour la circonstance.

Alors que la majorité des séminaristes ordonnés attendait de recevoir une affectation afin d'exercer leurs nouvelles fonctions de vicaire ou d'une autre mission, Pierre fut envoyé à Rome afin de poursuivre des études bibliques et de théologie.

Il était d'usage au cours de l'annexion que les séminaristes fassent leurs études de théologie dans une université extérieure au grand-séminaire. Or Monseigneur Benzler appréciait la formation tridentine du grand séminaire de Metz. Il préféra former sur place son clergé et envoyer à l'université seulement les nouveaux prêtres en fonction des besoins du diocèse (27) Ces dispositions restèrent en application sous l'épiscopat de Monsieur Pelt.

Vers quelle université a-t-il envoyé Pierre, à Rome, et pour quels enseignements ? Toujours est-il qu'il revient au grand séminaire de Metz en 1937 en qualité de professeur en écritures saintes. Qu'est-ce que cela signifie ?

Tout d'abord en tant que jeune prêtre il ne va pas occuper une fonction quelconque dans une paroisse. Et encore en tant que professeur sortant directement de l'université il enseignera quelques années au moins et sa qualité de théologien se passera d'une expérience pastorale, le rôle de base de tout prêtre. Et s'il fut envoyé à Rome c'est en raison de ses dispositions pédagogiques. Généralement une telle nomination annonce une

(27) François Roth dans La Lorraine Annexée chez Éditions Serpenoise, page 488.

carrière d'études. Les professeurs de grands séminaires représentent une pépinière de responsables et d'encadrement, si on ose utiliser un jargon peu utilisé dans l'Église. Mais les voies du seigneur sont impénétrables ou comme dirait un certain Bismarck les évènements sont plus forts que les projets de l'homme. Son parcours ne va pas démentir cette devise.

## *Pierre Schwenck dans la tourmente du début de la guerre*

À l'approche de la seconde guerre mondiale, les autorités décident d'évacuer tous les villages mosellans situés au nord de la ligne Maginot ; les populations du secteur de Sierck-les-Bains étant généralement acheminées vers la Vienne. Ce fut le cas de Rettel, mais Pierre doit répondre au rappel de l'armée en qualité de Sous-lieutenant de cavalerie de réserve.

Au lendemain de sa déclaration cette guerre semble ne pas avoir lieu : aucun combat notoire et la population la nomment la « Drôle de guerre ». Enfin, si on ose dire, début Juin 1940, les armées allemandes se décident de passer à l'action : objectif la France. On les attendait devant la ligne Maginot, mais la *Wehrmacht* la contourne, violant la neutralité du Luxembourg et de la Belgique, pour atteindre finalement le Nord français. Le *Blitzkrieg* s'acheva par l'arrêt des combats et l'Armistice du 22 juin de la même année.

L'Allemagne considère l'Alsace-Lorraine allemande et démobilise début Août les soldats d'origine alsacienne et mosellane. Pierre Schwenck libéré se trouve, comme la plupart de ses compagnons sur le chemin d'un retour chaotique au regard de la grande désorganisation qui règne dans toute la France en ces circonstances. On le retrouve à Limoges au grand séminaire. En attendant que la situation se normalise et le retour au calme, il donne quelques cours de théologie à de jeunes séminaristes, les professeurs partis à la guerre manquent à l'appel, fait prisonniers et « non démobilisables ».

A sa bonne surprise il retrouve l'abbé Repplinger originaire de Kirsch-lès-Sierck, ordonné le même jour que lui à Metz, un ancien de Montigny-Lès-Metz, qui lui emprunte 200 francs pour les besoins du retour au pays.

Finalement Pierre retrouvera sa Lorraine à la suite d'un périple de tracasseries en franchissant la ligne de démarcation ou la nouvelle frontière avec la Lorraine à nouveau annexée. Enfin rentré, il retrouve sa place de professeur au grand-séminaire de Metz. Nous sommes le 12 Octobre 1940 à la reprise de cours. A-t-il été rappelé de Limoges, son évêque, Mgr Heintz étant expulsé déjà depuis deux mois vers la zone libre avec perte et fracas.

## Retour et fin de la guerre

Pierre Schwenck et l'abbé Bauvert quittent Spire à l'Été 1944, il n'y a plus d'élèves. Mais la guerre n'est pas finie. Elle s'achève en Moselle à Bitche qu'en Mars 1945. Monseigneur Heintz retrouve sa crosse épiscopale en Octobre 1944. Le pays se libère peu à peu. Le Curé de la paroisse de Rettel, village de Pierre, Victor Schillis, décède le 2 Septembre 1944.

Survient courant Novembre la libération du Nord thionvillois par les troupes alliées. Lors des affrontements américano-allemands, la vallée subit des bombardements américains venant de la rive gauche de la Moselle, les allemands étant basés dans le village de Rettel. Comme une grande partie des maisons et le couvent, l'église a sa terrible part de dégât et de morts : toiture et mobilier sont détruits et le clocher chancelant représente alors un danger pour la population. Le cimetière autour de l'église n'est que décombres.

L'évêque charge alors Pierre d'une mission dans sa paroisse natale gravement endommagée par les bombardements américains. Il est nommé administrateur.

Le 25 Février 1945, il convoque le Conseil de Fabrique qui se tient, compte tenu des circonstances, dans sa maison familiale. C'est le premier conseil depuis la libération. Il déclare à cette occasion :

> « *La situation politique et militaire demeure plus que trouble et pleine de dangers jusqu'à l'évacuation de la Paroisse le 13 Octobre 1944 par les autorités militaires allemandes. Les habitants de la Paroisse disséminés sur quatorze localités différentes et libérés entre les 10 et 20 Novembre rentrèrent fin Novembre début Décembre. À l'occasion de ces faits de guerre la toiture du presbytère, l'ancien cimetière et l'Église paroissiales furent sévèrement endommagés.* »

Le 1er Mai 1945, Pierre Schwenck est nommé professeur en écritures saintes au Grand-Séminaire de Metz.

Un nouveau curé nommé en 1945 en la personne de l'abbé Nennig prend activement en charge les travaux de restauration de l'église paroissiale. Au cours de l'indisponibilité du bâtiment les offices religieux se tiennent à la chapelle du couvent.

Le clocher est abattu partiellement au début des travaux de restauration. La première messe dominicale, dans l'église en voie de restauration, a lieu pour Noël 1950.

Les habitants conservent encore en mémoire l'arrivée du nouveau coq étincelant présenté à la population de porte en porte par les jeunes gens de la paroisse. Les cloches nouvellement fondues arrivent en gare de Sierck en Mai 1950. Le 26 août 1951, Monseigneur Heintz, évêque de Metz consacre la nouvelle église. Ce fut un jour de gloire : des arcs de triomphe sont dressés et les maisons soigneusement décorées.

Pour la petite histoire, le 13 Avril 1959, Pierre célèbre en l'église de Rettel, la messe de mariage de son neveu André Schwenck avec Lucie Herbert. Il célèbrera une seconde messe mariage entre la sœur de Lucie et monsieur Keff de Rustroff.

Les nouvelles orgues sont consacrées sous la bénédiction de Pierre Schwenck le 17 Juin 1962.

## *Conclusion*

Pierre Schwenck revenait régulièrement visiter ses parents restés fidèlement dans leur village de Rettel.

J'ai souvenir des visites pastorales de Mgr Heintz. Avant de quitter le presbytère pour regagner Metz, son excellence ne manquait jamais de saluer les parents de Pierre, après avoir répondu à l'assaut des enfants venus vers lui baiser son anneau épiscopal. Au décès de son père à huit jours d'intervalle de celui de sa mère, l'évêque, avec toute la curie épiscopale, assistèrent aux offices funéraires.

Pierre, discret, calme et d'une grande simplicité, son regard laissait deviner une grande volonté et de fermeté bienveillante. Aux obsèques de son frère Jean, en Septembre 1975, avec ses camarades d'enfance il s'entretint dans son langage maternel, le Platt, comme s'il les avait quittés la veille.

Nommé en 1957 directeur du grand séminaire de Metz, en 1959 il est fait Chanoine honoraire de la Cathédrale. Ce titre revient à un ecclésiastique ne résidant pas auprès de la cathédrale et n'exerçant aucune fonction effective dans le Conseil de l'évêque ou du chapitre. Ces ecclésiastiques promus à ce titre ont droit au titre honorifique de « Chanoine » et de « Monseigneur » en plus de la robe de chœur qui comprend la mozette.

Entré à 29 ans au séminaire de Metz en qualité de professeur d'Écritures Saintes, après une vie d'études et de paroles, l'aumônerie de la maison de retraite de Lessy, près de Metz, lui est confié. Parallèlement il assure la formation des diacres permanents et encore des missions d'aumônerie auprès des prisonniers de droit commun à la prison de Metz.

En 1981, il signe un ouvrage intitulé « Le Secret de Jésus », une synthèse de ses recherches théologiques au cours de sa vie.

Loin d'une lecture « rébarbative » aux yeux d'un néophytes, la limpidité du texte, le style et la fluidité des messages vous transportent au cœur des Écritures et vous envahi par la clarté intellectuelle de son auteur.

Par sa formation universitaire pontificale à Rome de 1933 à 1937, ses acquis théologiques sous le pontificat de Pie XII furent par la force des choses ce que l'on appellerait aujourd'hui « traditionnelles ». Or le vent ou la tempête de Vatican II n'a pas « décoiffé » Pierre placé au cours des sessions conciliaires à la bonne place pour en suivre la lecture en qualité de conseiller théologique de Mgr Schmitt. Certaines pages ou chapitres de son ouvrage « Le Secret de Jésus, notamment celui de « Jésus et les Sacrements » respirent sainement la nouvelle doctrine pastorale de ce Concile ou de sa théologie exprimée par sa constitution conciliaire *Lumen Gentium*.

Mgr Schmitt dans sa préface écrit :

*« Cet ouvrage est aussi l'œuvre d'un savant. Il vient bien à son heure, car l'étude scientifique des Évangiles devient de plus en plus complexe. L'image que les Églises chrétiennes tracent de Jésus est de plus en plus contestée. De nombreux croyants sont déroutés par les audaces de certains exégètes, plus souvent encore de vulgarisateurs. »*

Après avoir dressé les arbres de généalogie de toutes les branches de sa famille et Dieu connait son envergure, il souffre de problèmes cardiaques. Au cours de son transport en urgence au CHU de Nancy, sentant son heure arrivée, il s'adresse à Jésus avant de rendre l'âme et l'implore de « le recevoir en son paradis ».(28)

Le 21 Décembre 1981 l'office funéraire est célébré par Mgr Schmitt en l'Église de Rettel. Au cours de son homélie, Mgr rappelle son parcours de « chercheur infatigable » de la parole

---

(28) Témoignage familial.

divine dans les écritures et confie sa « passion » pour le prophète Amos, celui qui écrivit:

« *la fin des temps actuels au cours de cataclysmes cosmiques et de bouleversements politiques au Jour de l'accomplissement du Royaume de Dieu.* »

Pierre résumait ainsi la venue du « *Royaume de Cieux est ici et maintenant!* » Il repose dans la tombe familiale de son village natal, qu'il a tant aimé, dans l'attente de la vie éternelle.

Les paroissiens de Rettel en cortège vers l'église pour assister à la Première Messe de l'abbé Pierre Schwenck - 1933

Première Messe Abbé Pierre Schwenck Rettel - 1933

Toute la paroisse participait en choeur à cette solennité et décorait, tout comme pour la Fête-Dieu, les rues qu'allait parcourir la procession du domicile du jeune prêtre à l'église, avec arcs de triomphe. Le nouveau prêtre portait jadis une couronne de fleurs blanches. À l'issue de la grand'messe, il donnait la bénédiction aux participants et leur remettait souvent une image-souvenir. Ces premières bénédictions offrent des grâces particulières à ceux que la recoivent.

# Chapitre V
# L'épiscopat de Paul Joseph Schmitt

Il naît le 31 Mars 1911 à Basse-Yutz en Moselle.(29) Fils d'une famille de notables, ses frères et sœurs poursuivent des études supérieures, l'une d'elle à la Sorbonne. Son frère Robert entre en politique et sera conseiller général et sénateur de la Moselle. Son oncle Scheil, un dominicain bien connu pour ses travaux d'archéologie et d'exégèse, influence certainement son neveu à entrer dans les ordres.

Un pont assure la liaison directe sur l'autre rive entre cette petite ville et Thionville sous-préfecture. Siegfroid de Yutz crée en l'an 989 l'ancien comté de Luxembourg en achetant les terres attachées à la petite forteresse de *Lëtzel* dominant la Vallée de la Pétruse de l'actuelle ville de Luxembourg. Yutz fut luxembourgeoise jusqu'au Traité des Pyrénées de 1659. La langue luxembourgeoise, toujours parlée dans les environs, témoigne de ces origines.

Entré au grand séminaire de Metz en 1929, Paul-Joseph Schmitt accède successivement aux ordres mineurs conférés par Mgr Pelt en 1931 pour la tonsure, le sous-diaconat en 1934, le

---

(29) Ville aujourd'hui nommée tout simplement Yutz après la fusion avec la commune de Haute-Yutz.

diaconat en Mars 1935 et enfin après ses études au grand séminaire la prêtrise le 15 Juillet 1935.

Il interrompt ses études en 1929 pour répondre à ses obligations militaires, appelé à rejoindre dans un premier temps le régiment d'infanterie de Thionville. En qualité d'Alsacien-Lorrain il accomplit ce service militaire dans son département. Après la période d'incorporation il rejoint de l'Automne 1929 au Printemps 1930 l'école spéciale de Saint Cyr-L'école pour suivre durant six mois une formation d'élève officier de réserve EOR (École d'officier de réserve). Au terme de son séjour, il réintègre son régiment thionvillois en qualité de sous-lieutenant de réserve et sera donc rappelé régulièrement à réaliser des périodes militaires courtes et obligatoires.

Revenu au Grand-Séminaire son professeur Lucien Pierre Hennequin, l'invite en Mai 1930 à le suivre au Congrès International Eucharistique de Carthage. Cet ecclésiastique occupe également la direction du journal catholique « Le Lorrain » d'une tendance très conservatrice et nationaliste française. Il décède en Mai 1940.

Un congrès eucharistique réunit des clercs et des fervents catholiques à mieux connaître le dogme de l'Eucharistie et à participer à la promotion de son culte. Pour mémoire, un Congrès Eucharistique International, se tint à Metz du 6 au 11 août 1907 selon le vœu formulé par le pape Pie X même, à l'occasion de sa rencontre *ad limina* avec Mgr Benzler alors évêque de Metz.

Ces manifestations prirent au cours des décennies suivantes une couleur politique colonialiste. En effet l'évènement de Carthage de Mai 1930 reste gravé dans les mémoires de l'histoire contemporaine de la Tunisie comme un double symbole. Du côté des états colonisateurs, il fait figure de grande célébration d'un empire triomphant, au même titre que la commémoration du centenaire de l'Algérie organisée la même année. Du côté des populations colonisées, elle apparaît comme une provocation chrétienne en terre d'islam.

Se voulant s'affirmer « œcuménique » à son origine, ce congrès prend une odeur de triomphalisme d'un christianisme archaïque alors que le monde nord-africain s'affranchit peu à peu. Elle offense alors le monde islamique.(30)

Entre archéologie, universalité et nationalismes : le trentième congrès eucharistique international de Carthage (1930) Jacques Alexandropoulosp écrit:

*Le climat du congrès avait choqué la sensibilité du jeune séminariste Paul Schmitt. « Il en reviendra avec beaucoup d'interrogations et le souvenir lancinant de l'effet produit sur les populations locales majoritairement musulmanes, par le spectacle navrant de centaines d'enfants en tenue de croisée devant une population musulmane à l'occasion du voyage à Carthage. »*

Le Père Lucien Hennequin, féru d'archéologie et d'ethnologie de la région moyenne orientale, est-il à l'origine d'un grand intérêt par Paul-Joseph pour les écritures saintes ? En effet son jeune séminariste publie en Juillet 1934, dans la « Revue de L'union Missionnaire du Clergé », une étude intitulée « L'idée missionnaire dans le Psautier ». La couverture de l'édition spéciale de la revue reprend une citation de Jacques Maritain. Selon l'abbé L'Huillier (31) ce travail lui aurait été insufflé par son « mentor » le Père Lucien Pierre Hennequin son professeur. Aussi il fréquente les « Séminaires de Salzbourg » où le révérend père Wilhem Schmidt ethnologue suisse l'influence certainement à son tour sur les origines humaines et de celles des religions.

Après son ordination en 1935, Paul-Joseph nommé vicaire à Saint-Martin, près de Metz, s'absentera en 1937, envoyé à l'Institut Catholique de Lille pour un an, enseigner à L'école des sciences sociales » et aussi « l'éloquence sacrée et la sociologie ». Il rédige un mémoire sur la culture ouvrière.

(30) Pierre L'Huiller dans « Monseigneur Paul-Joseph Schmitt chez Édition des Paraiges Metz 2020.
(31) Pierre L'Huiller Ibid.

Ces très riches débuts de vie chrétienne et de prêtre illustrent par avance la pastorale de Mgr Schmitt évêque de Metz et son caractère bouillonnant et imprévisible au cours de son épiscopat.

De 1930 à 1938, en cette période d'incertitude pour la paix, il répond à diverses périodes militaires dans le cadre de la réserve. Dès 1938 l'armée le rappelle sur la ligne Maginot, puis définitivement en Septembre 1939 en tant qu'officier de renseignement. Mais l'invasion allemande de Juin 1940 annonce encore des changements.

Au cours de la débâcle, fait prisonnier il est rapidement « libéré » en tant que Mosellan par les autorités militaires allemandes considérant l'Alsace-Lorraine allemande.

Revenu dans son diocèse, on lui confie la charge d'administrateur de la paroisse de Saint-Martin. Or un évènement va bouleverser sa vie. La gestapo faisant irruption au cours d'une messe célébrée par un de ses confrères et procède à l'arrestation de celui-ci. Paul-Joseph révolté se rend au siège de la police allemande et proteste à haute voix contre de ses méthodes ! Par solidarité, il demande à être expulsé de son propre et plein grès. Nous sommes en Novembre 1940.

Revenons pour conclure ce chapitre, sur l'épopée de l'abbé Repplinger originaire du canton de Sierck. L'abbé retrouve sa paroisse de Saint-Agnan dont il est le vicaire en titre. Mais à son tour la Gestapo l'expulse vers la zone libre.

Que va devenir Paul Joseph Schmitt à présent expulsé en zone libre?

## *Paul Joseph Schmitt et la guerre mondiale*

Et voici l'abbé Paul-Joseph Schmitt, exilé comme Mgr Heintz quelques mois auparavant, toutefois à sa demande.

Arrivé à Clermont-Ferrand, perdu et hésitant, il se rend finalement à la faculté de théologie de Strasbourg repliée en zone libre. Il est accueilli par le supérieur l'abbé Elchinger, le futur cardinal qui le charge des cours de théologie à 25 séminaristes mosellans également repliés dans des locaux de Chamalières-Royat Il participe à l'animation de ce groupe dans la gestion de leur temps libre. Il retrouve enfin son évêque Mgr Heintz. Son éminence l'autorise à enseigner la théologie au Séminaire de Tulle, et pour enrichir ses connaissances, il s'inscrit à des cours de théologie couronnées en Novembre 1944 par un doctorat qu'il soutient à Toulouse.(32)

Au-delà des souffrances qu'entretiennent les événements et l'exil même en zone libre, cette période sombre se révèle propice aux contacts. Des liens de solidarité extraordinaires se nouent entre français venus de tout horizon sous la contrainte ou volontairement : des civils expulsés d'Alsace-Lorraine, d'indésirables politiquement chassés vers la zone libre ou d'autres recherchés pour divers délits d'opinion ou politiques, d'acte de résistance, des laïcs chrétiens ou non qui qui refusent la fatalité ou la collaboration avec l'occupant. Notre jeune prêtre au cours de ce séjour est entouré de beaucoup sympathisants mais, comme le souligne l'abbé L'Huilier de beaucoup de laïcs. Enfin interrogé à propos de « ses engagements au cours de la guerre », L'abbé Paul-Joseph Schmitt répond comme le rapporte l'abbé Faber :

> « *Il n'y a qu'une seule route à suivre. Il faut-être du côté de ceux qu'on persécute, de ceux qu'on arrête, de ceux qu'on torture et de ceux qu'on fait disparaître.* »(33)

Paul-Joseph Schmitt se déclare « Résistant ». Mais de quelle manière ? A-t-il participé activement ou directement à des actes de

---

(32) Pierre L'Huilier dans « Monseigneur Paul-Joseph Schmitt chez Éditions des Paraiges Metz 2020.
(33) Ibid.

sabotage, d'agent de liaison ou à des combats les armes à la main ? Le Journal l'Ami Hebdo du 30 Mai 2021, sous la plume de Monsieur Olivier Hein journaliste, dans sa recension du livre « Monseigneur Paul-Joseph Schmitt » relate :

> « *Paul-Joseph s'était investi au-delà d'un simple devoir de conscrit. On dit qu'il s'est engagé dans la Résistance, celle-ci, ne laissant pas de trace par nature, cet engagement, bien que probable, ne peut pas être prouvé, l'intéressé lui-même ne s'en est jamais vanté.* »

Mais qu'est-ce la Résistance ? C'est résister ! Il le laisse entendre en prenant ouvertement la parole soit au cours de sa période de prêtre expulsé soit au cours de son épiscopat dans sa lutte contre toute injustice. On se souvient qu'il fut officier du renseignement sur la Ligne Maginot. Lui aurait-on confié quelques missions en zone libre ?

Madame Louvart Annie dans son article paru dans le bulletin « Église de Metz » de Mars 2011, écrit à propos de sa période dite de résistance :

> « *Plus qu'un combattant les armes à la main, il fut comme elle le souligne un « résistant spirituel », convaincu et instruit des jeunes gens souvent des association JOC ou Scout sur le devoir de résistance par devoir humanitaire, prenant la parole dans la cathédrale de Tulle que lui cède le 4 Septembre Monseigneur Amable Chassaigne, évêque du diocèse de la Corrèze, devant tous les résistants FTP de tout horizon après les dramatiques et sanglants évènement de Tulles en 1944.* »

Paul Joseph Schmitt fut un être sensible mais aussi un humaniste, politiquement orienté par des idées socialisantes, animateur plus que missionnaire. La guerre et les évènements politiques produisent des phénomènes d'introspection au contact de combattants ou de résistants.

La seconde guerre mondiale fut un combat sanglant contre les idées ou une guerre idéologique qui couvait dans les esprits depuis le 19$^{\text{ième}}$ siècle. Le pape Jean-Paul II, ancien archevêque de Cracovie, au cours de la période d'oppression en Pologne le rappelle dans un de ses ouvrages :

« *L'idéologie peut tuer et gardons-nous de la combattre par idéologie.* »

Tout combat mue comme le caméléon, tel qui croyait défendre remet parfois son épée au fourreau comme Saint Pierre à la demande de Jésus.

Paul-Joseph Schmitt au cours du temps passé en zone non occupée a réuni beaucoup d'hommes et de femmes de tout bord. Ce fut l'époque des échanges d'idées. Ses « sentiments théologiques » si on ose dire, ouverts aux différentes thèses à propos de l'enseignement de l'Église comme celles de Jacques Maritain ou du père de Lubac, proches d'une frange progressiste. Ce séjour a créé des liens et ouvert les esprits.

Paul-Joseph Schmitt rentre finalement en Moselle le 1$^{\text{er}}$ Décembre 1944.

La mairie de Metz décide de débaptiser la rue sainte Glossine et lui attribue le nom de Jean-Joseph Schmitt. La plaque précise la mention : « *Membre actif de la Résistance. Évêque de Metz (1858-1975)* ».

Le successeur de Saint-Clément va assurer son épiscopat avec les principes d'un renouveau pastoral et liturgique dans l'église.

## *Paul-Joseph Monseigneur*

En introduction citons l'auteur de sa biographie l'abbé Pierre L'Huillier :

« *Le caractère sacré de son excellence Mgr Schmitt se conjuguait avec son sacré caractère dont le concile Vatican II l'aidera à s'émanciper peu à peu.* » Et : « *Sans nul doute, le nouveau pontife messin vise à renouveler et intensifier tant la pastorale liturgique que la beauté du culte.* »

Ces deux citations, l'une évoque le Concile Vatican II, de 1962 à 1965 et l'autre la beauté du culte et le sacré.

Il semble en effet que Paul-Joseph ne badinait pas avec l'ordo. « *Il jette l'encensoir à terre parce que l'encens sur le charbon ne fumait pas assez !* ».(34)

Il récidivera. Les simplifications dans le rituel et les cérémonies « suggérée » par le concile l'avaient-elle plus rendu conciliant dans ce domaine !

En cette fin d'année 1958, la tenue du Concile Vatican II approche. La nouvelle liturgie va révolutionner. Surprise à cette époque ?

Les réformes liturgiques que le monde germanique anticipait déjà avant la seconde guerre mondiale n'ont pas surpris le clergé. Les séminaristes envoyés à Spire en eurent la primeur. Déjà en 1955 Paul Claudel, diplomate, proche de Pie XII, lui écrit pour protester contre une messe concélébrée face aux fidèles dans un cadre liturgique dénudé d'une paroisse parisienne.

L'immense travail de maintien des têtes du clergé et des fidèles hors de l'eau du raz de marée de l'apostasie générale tant en France que dans les autres pays européens furent des coups d'épée dans l'eau. La nouvelle pastorale, courageuse et audacieuse, à déçu le monde des catholiques, certes les plus âgés attachés à la tradition. Ces réformes ont évacué le mystère.

L'évêché inspiré par la formule « Le chemin de l'Espérance » de Mgr Heintz, avait-il péché par naïveté et confondu la « venue du Royaume des Cieux » avec celui « du temps des cerises » ? La foi en un progrès (matériel) constant à l'origine des Trente Glorieuses,

---

(34) Pierre L'Huiller dans « Monseigneur Paul-Joseph Schmitt chez Édition des Paraiges Metz 2020.

d'une Europe divisée par un rideau de fer entre un régime communiste et un régime libéral hypothéquait l'avenir!

Simple anecdote, isolée certes. La maison de mon enfance, après le décès de ma grand-mère en 1963, fut achetée par une de mes cousines et son époux. Ceux-ci projetaient la remise en état cette maison et éventuellement agrandir le petit jardinet attenant le jardin du presbytère, pour offrir un peu d'espace et de luminosité à la modeste propriété. Le curé de la paroisse saisit de cette demande devait obtenir l'accord du conseil de fabrique, du maire et de l'évêché. Ayant obtenu l'assentiment des deux premiers niveaux de décision, l'évêché devait encore obtenir le feu vert de la préfecture. La réponse de l'évêché fut la suivante :

> « *L'évêque s'étant réuni en séance extraordinaire et ayant pris note de la demande, refuse catégoriquement d'y faire suite. En raison de l'expansion industrielle possible et de l'agrandissement éventuel de la Paroisse, il est indispensable de conserver l'intégralité du patrimoine paroissial permettant à plus ou moins longue échéance l'implantation d'un centre culturel ou une maison d'œuvre.* »(35)

À ce jour, le presbytère vendu à la Municipalité fait office de Mairie et le vaste jardin aménagé à l'anglaise accueille des soirées festives et musicales

Le commentaire de la décision négative de l'évêché révèle un certain optimisme certainement stimulé par le Concile annoncée dans les deux années à venir, alors que la situation dans le bassin minier se dégradait peu à peu. Quant à l'église elle célèbre un office dominical fantôme, quelques concerts profanes et des messes d'enterrements.

*

(35) Archives familiales.

## *Le Concile Vatican II*

L'arrivée d'un proche concile n'avait jamais produit une telle euphorie dans l'Église et chez les fidèles. Cela révélait une forte attente du clergé et du monde chrétien en général y compris chez les Protestants et cela relève de la psychologie de foules des années 60, quinze années après la seconde guerre mondiale.

À ces époques les églises étaient encore pleines aux offices dominicaux. Or l'annonce d'un prochain concile savamment préparée avait produit sur les classes populaires dominantes des fidèles un véritable « *Blitz* ». Pour les uns l'éclat de la liturgie allaient être rehaussée par la seule foi et que tout était possible. Pour d'autres cette annonce produisait l'effet de la venue du Royaume et pour d'autres encore l'Église allait se débarrasser de tous ses nids à poussière comme on se débarrasse d'un vieux buffet Henry II pour une cuisine aménagée design : le beau dans la simplicité ! Finalement cela correspondait à l'air du temps que les agences de voyages avait mis en pratique depuis quelques années : «changer d'air et tout ira mieux». Nous connaissons tous l'amertume d'un retour de vacances. La magie de la Liberté produit tous les abus.

Dans les coulisses se préparait une véritable révolution doctrinale que les annonces benoîtes de Jean XXIII sur le contenu traditionnel de ce concile avait masqué au point où le monde nommé à tort traditionaliste fut surpris par la brutalité des réformes préparées dans le plus grand secret.

En fait que voulaient les têtes de liste de ces conservateurs opposés à certaines constitutions conciliaires : voir ce qu'elles cachaient. En effet il fallut du temps pour décortiquer l'amande et arriver à goûter le fruit. Cela prit du temps, soit quelques années d'études des nouveaux textes très ambiguës. Enfin c'est par la mise en application des lois que nous découvrons leurs portées.

En 1962, le deuxième Concile de Vatican s'ouvre à l'image d'une « auberge espagnole » où chacun apporte sa part à l'élaboration d'une pastorale dans laquelle tous les baptisés sont promus, parce que promis aux rôles de « prêtres, prophètes et rois » selon le premier épître de Pierre 2. 9-10.

Dans l'Aula on observe un clivage entre conservateurs et progressistes. Le gel de l'enseignement traditionnel et des dogmes permet alors l'éclosion d'une pastorale nouvelle et humaniste à laquelle seront (sont) associés les laïcs qui prendront (prennent) part au sacerdoce par leur baptême.

Une pastorale transversale se substitue à l'enseignement transcendant. L'image de la fenêtre de l'Église ouverte, reprise par le pape Jean XXIII, symbolise l'air nouveau du prochain concile. En ouvrant la boîte à pandore, Rome laissera échapper finalement la tempête.

Dans cette période intermédiaire, à moins de vingt ans après la seconde guerre mondiale, l'optimisme des uns s'oppose au pessimisme des autres et, à nouveau un conflit idéologique surgit dans l'église même. Les réformes liturgiques parfois sauvagement appliquées produisent une sorte de catharsis sur une église culpabilisée par son passé.

La liturgie est symbole. Elle véhicule l'inexprimable que ne peut la parole. Le dépouillement de la nouvelle liturgie la rend muette sur ce plan, mais couverte d'un flot de paroles.

Recevoir le baptême confère à présent l'ensemble des sacrements. (36) et justifie ainsi la pauvreté du nouveau rituel, toutefois grandiose lors d'un nouveau baptême sans exorcisme. A-t-elle vaincu le « diable », il est vrai que Saint Clément avait jugulé dragon.

---

(36) Cette idée n'est pas nouvelle, elle fut proposée par Saint Cyprien, Saint Hilaire et Saint Augustin et bien d'autres, jamais retenue en raison de la difficulté d'application dans sa globalité, notamment dans les domaines de la pénitence, du mariage et de l'ordre pour seuls exemples. Certes les sept sacrements résultent du développement du sacrement initial du Baptême. Cependant l'Église-Sacrement représentait une nouveauté essentielle, la clef de voûte de la nouvelle ecclésiologie définie par Vatican II. Ce sujet, fut âprement discuté par les pères conciliaires.

En 1962 à l'ouverture du Second Concile un vent de fraîcheur sur l'Église souffle déjà depuis quelques années sur l'Église. Pour illustrer ce phénomène « climatique » aux visiteurs curieux des intentions de l'Église, le pape Jean XXIII ouvrit une fenêtre de son bureau et déclara aimablement : « *Donner de l'air à l'Église !*». Dans les milieux des prêtres réformateurs « Le rajeunissement de la sainte institution semble impératif ». En cela on retrouve l'idée soufflée par Mgr Veuillot à Mgr Schmitt de congédier purement et simplement la curie épiscopale messine :

> « *Qu'il change toute l'administration diocésaine ou la curie épiscopale, qui selon lui (Mgr Veuillot), avait vieilli et fonctionnait selon des mentalités archaïques* ». (37)

Il faut faire peau neuve. Cet engouement n'est pas du seul fait de l'Église de ces temps. Ce principe est déjà courant dans l'esprit des entrepreneurs du moment : faire place aux jeunes et jeter l'expérience millénaire ! Le temps de la numérisation à l'excès progresse et confirme cet état d'esprit des années 60 : raisonner selon des principes de résilience des réflexes anciens. En effet les progrès de la communication ne véhiculent plus la pensée de l'homme mais celle des progressistes de la « mécanique », si on ose dire. Et déjà l'activité intellectuelle laissera la place à l'intelligence universelle. Rajeunir l'encadrement signifie changer de politique d'entreprise c'est le principe d'un management de l'époque adoptée dans l'euphorie des années conciliaires. Il faut changer le langage et des décors (l'aménagement).

Avant l'ouverture du Concile tous les évêques du monde répondirent à un questionnaire préalable adressé par le Saint-Siège, nécessaire à l'élaboration des travaux préliminaires, à la manière d'un cahier de doléances. À réception, leurs examens et leurs

---

(37) Pierre L'Huiller dans « Monseigneur Paul-Joseph Schmitt chez Édition des Paraiges Metz 2020.

synthèses fournissent de précieux renseignements sur l'état de santé de l'Église qui devaient servir à la construction de la ligne générale des réformes à entreprendre. L'analyse et les conclusions de cette « présélection » devaient satisfaire le pape Jean XXIII à la veille de l'ouverture. Or nous verrons que cet immense cahier de doléance resta dans les tiroirs ou des oubliettes du Vatican à la suite d'une sorte de « révolution » de palais.

Toutefois cette enquête préliminaire mondiale recueillie auprès des 5000 évêques répartis dans le monde, révèle qu'une ouverture de l'Église s'avère en effet nécessaire, mais sans pour autant « renverser la table ». Quoi de surprenant, ces derniers ne fonctionnent-ils pas selon des mentalités archaïques selon les réformateurs ? Certes il fallait rendre audible le message des Évangiles.

Or d'entrée, quand les portes du concile accueillent quelques 2000 évêques, une part minoritaire rejette les propositions des commissions constituées sur la base de l'étude préliminaire ! Elle dépose une motion destinée à modifier des procédures de vote, considérant qu'une majorité aux deux tiers des inscrits ne permet pas une franche ouverture aux réformes. Elle exige un vote à majorité absolue, c'est-à-dire à 50 % et une voix du scrutin, à la manière des sociétés multinationales.

Or ces changements fondamentaux du droit canon se font sans vote secret, ce qui est la règle, mais par acclamation ou à main levée, ce qui rend la volonté exprimée insondable. De cette nouvelle procédure, le pape « souffrant » ne se prononce pas et surtout il ne se montre pas, et finalement plus, car lui seul peut arbitrer un tel nœud de discorde. Cette procédure illégale représente une première rupture de la légalité du Concile. Des protestations dans l'Aula n'y firent rien. Après ce « coup d'état », un plan B et de « nouvelles commissions » sont créés et leurs propositions sont une fois de plus approuvées par acclamation.

Lors de l'enquête préliminaire, bien avant l'ouverture du Concile, Mgr Schmitt se considère « *trop nouvellement promu* » pour y répondre. Il souhaite associer « davantage » les prêtres, les laïcs et les responsables civils.(38) On s'étonnera de cette pratique qui inverse les rôles et dans laquelle on donne la parole au peuple ? À quoi sert l'Évêque ? Préside-t-il une démocratie ?

*« Il faut présenter l'Évangile en l'adaptant au contexte actuel. »*

Ou encore à propos de l'œcuménisme :

*« Ce fut une reconnaissance de la valeur d'autrui tout en étant pour autrui l'occasion de réaliser que l'Église Catholique n'était pas aussi dictatoriale qu'on se plaît à le penser. »* On reconnait la valeur contraire d'autrui ? »
*« C'est la première fois dans l'histoire de l'Église qu'un concile se réunit avec la conscience de son utilité pour les fidèles et pour la totalité des hommes. »*

Alors que la mission de l'Église deux fois millénaire propose le salut. En fait Monseigneur considère qu'au cours des deux mille années passées, l'Église *« n'a pas conscience de son utilité !? » « Le monde a des côtés positifs, il peut apporter du bon à l'Église. »*

## *La déclaration de Saint-Avold Octobre 1967*

Au cours d'un voyage pastoral à Saint Avold en 1967, Monseigneur dans une déclaration qui ne manque pas d'interpeler le monde catholique, peu après la clôture du Concile Vatican II :

*« La mutation de la civilisation que nous vivons entraîne des changements non seulement dans notre comportement mais aussi dans*

---

(38) Le monde de l'entreprise faisait également son aggiornamento dans les années 60-70. L'époque des « séminaires » d'entreprise proposaient aux cadres un nouveau langage dans un nouveau décors environnemental.

*la conception que nous nous faisons tant de la Création que du salut apporté par Jésus-Christ. Les remises en question les plus fondamentales engagent non seulement une nouvelle pastorale, mais plus profondément une conception plus évangélique – à la fois plus personnelle et plus communautaire – du dessein de Dieu sur le monde.* » Bulletin officiel de l'évêché de Metz le 1er octobre 1967.

Cette déclaration est relayée par la revue Itinéraires n° 60 et dans Iota Unum « Études des variations de l'Église Catholique au 20ième siècle » chez «Nell nouvelles éditions latines». Elle fait le tour du Monde. « *Remise en question les plus fondamentales* » qu'est-ce le fondamental de l'Église ?

Romano Amério dans son étude Iota Unum « Les variations de l'Église » (Vatican II), salue en quelque sorte le courage et l'objectivité de Mgr Schmitt dans son allocution de Saint-Avold en professant ouvertement l'avenir catastrophique de l'église et justifie ainsi changement radical du catholicisme.

En ce sens il traduit à sa manière les intentions de ce changement radical du Catholicisme par les promoteurs de cette orientation surprenante de ce concile et rejoint ainsi la pensée de Theillard de Chardin :

« *Je pense que le grand fait religieux actuel est l'éveil d'une Religion nouvelle, qui fait petit à petit adorer le Monde et qui est indispensable à l'humanité pour qu'elle continue à travailler.*

Le Saint-Office à la suite de ces nouveautés conciliaires tombe ipso facto en désuétude. Les réformateurs persuadés que l'Église est essentiellement irréformable, ils se proposent de pousser cette Église au-delà d'elle-même à la recherche d'un méta-christianisme. (Iota Unum)

\*

L'affaire de Saint-Avold allait mettre au-devant de la scène la division non pas du clergé mosellan, entre les tenants des progressistes et des conservateurs. Ce clivage prend une saveur quasi politique, entre une gauche des pères conciliaires et d'une « droite extrême » des traditionalistes qui ignoraient l'être avant d'entrer en Concile... Cette impression est alimentée par les slogans et qualificatifs, par exemple comme « intégristes », pour désigner ces catholiques opposés à certaines thèses de l'église nouvelle. Les méthodes sont identiques qu'en politique notamment par la diabolisation des opposants. Ces méthodes sont apparentées au langage entendu dans les hémicycles parlementaires depuis.

Un parfum mondialiste envahit la Aula par ses réformes de l'ecclésiologie nouvelle qui allait brutaliser la conscience des fidèles, élevés et formés dans une foi évidemment traditionnelle. La liturgie est un symbole en mouvement, pareille au langage qui véhicule la pensée, soit la doctrine et la foi.

Les fidèles en général peu au fait de la volonté du concile en matière liturgique, rejetaient instinctivement les nouveautés et les paroles qui l'accompagnent au cours des offices en langue vernaculaire. Or les diverses déclarations et prônes allaient en effet scandaliser peu à peu une partie des fidèles en Moselle Nord notamment. Ce fut le cas de la déclaration de Saint-Avold située au centre de cette région germanophone. Elle dépassa largement le diocèse, reprise par la presse conservatrice tel que la revue Itinéraire publiée par Monsieur Madiran.

Le scandale allait prendre une nouvelle dimension. Des dommages atteignirent les consciences des fidèles peu acquis aux nouveautés de Vatican II. Elles inquiétèrent les évêques de France. Ainsi c'est une véritable unanimité des évêques français qui vinrent au secours de Mgr Schmitt à la suite de sa sulfureuse déclaration de Saint-Avold.

Cette déclaration intervient à deux années du Concile, au moment où les fidèles découvraient peu à peu au quotidien les nouveaux offices, alors que nos évêques avaient vécu leur séjour romain dans une atmosphère de liesse et d'euphorie.

Les 2000 évêques, sans compter les observateurs agréés etc., réunis en concile étaient logés à la manière «d'étudiants» dans des immeubles voisins du Vatican. La promiscuité que cela impliquait, favorisa les contacts, les échanges de nouveaux points de vue ou de perspectives. Ce genre de situation est propice à la convergence de courants d'idées qui dépassent l'intellect pour toucher la raison par la « psychologie de foule ». Monsieur l'Abbé L'Huillier le souligne :

> « *Pendant les sessions, il logeait (Mgr Schmitt), avec Mgr Elchinger, Mgr Boillon (évêque de Verdun) et Mgr Flusin ses voisins de la région apostolique, à part des évêques de France... Avec les pères Liégé et Féret s'y trouvaient aussi comme théologien Hans Küng et son disciple et collège Alexander Ganoczy. Dans la maison il y avait aussi plusieurs évêques des USA, du Canada et des pays de l'Est. L'atmosphère y était stimulante, et toutes les grandes voix du concile (évêques et experts) y étaient chaleureusement accueillirs.* »

C'est au cours de la cession relative à la constitution *Gaudium et Spes* que Mgr Schmitt prend une part active dans la défense de cette constitution conciliaire, soutenu et appuyé par Mgr Elchinger (Archevêque de Strasbourg) que l'on aperçoit sur une photographie derrière Mgr Schmitt pour l'encourager et le soutenir dans sa démonstration. Le plat de résistance de la quatrième session sera ce schéma 13 « L'Église dans le monde de ce temps », le couronnement de l'œuvre du concile selon Paul VI qui se nommera finalement *Gaudium et Spes*, mais qui fit une entrée timide dans la Aula.

L'Église en effet ne se suffit pas à elle-même. Puisqu'elle se définit comme le levain dans la pâte, les préoccupations du monde doivent être aussi les siennes. Le temps est passé où un concile pouvait s'occuper exclusivement des problèmes intérieurs à l'Église. Jean XXIII d'ailleurs n'avait-il pas souhaité que Vatican II soit un concile essentiellement pastoral ? Mais si l'Église n'est pas de ce monde, elle est dans ce monde, qui a été créé par Dieu et jugé « bon » (Genèse). Certes, mais il s'agit de la création, Adam ayant chuté, ce que l'Église passe à un second plan. C'est la fin d'une sorte de réclusion ecclésiale qui a fait dire aux marxistes que la religion était « *l'opium du peuple* » parce que seule la vie éternelle l'intéressait. Le « Salut » n'est donc plus la première mission de l'Église !

## *L'accord Rome-Moscou*

L'approche d'un Concile Romain mettait mal à l'aise les dirigeants de l'Empire de l'URSS, craignant une condamnation « solennelle » du communisme par la dimension de cet évènement réunissant une assemblée d'évêques venus du monde entier, assiégée par la presse internationale pour l'occasion.

Les responsables du Kremlin lors d'un premier contact avec les représentants de l'Église leurs déclarèrent :

> « *Vous voulez, pour l'œcuménisme, que des observateurs du patriarcat de Moscou viennent au concile ? Ils n'y sont guère disposés, mais nous les déciderons si Rome fait une invitation spéciale au patriarcat et si le concile se tait sur le communisme.* » (Abbé l'Huillier)

C'est ainsi qu'à Paris en Août 1962, un accord entre le métropolite Nikodim et Mgr Jan Willbrands est conclu.

L'évêché de Metz fut choisi pour la rencontre entre les représentants de Rome et de Moscou afin d'y organiser et mettre au point les termes d'un accord final. Le choix du cardinal Tisserant pour orchestrer ce « mini-sommet » et de régler la mise au point de ce qui avait été décidé entre le Kremlin et Rome, repose sur le fait qu'il parle la langue russe. Ainsi Mgr Jan Willibrands pouvait se rendre à Moscou et remettre l'invitation au cours d'un séjour du 27 Septembre au 2 Octobre 1962 et assurer au patriarcat que le concile « n'entreprendrait pas de polémique anticommuniste ».

Ainsi après un cours délais avant l'ouverture du concile romain le 11 Octobre 1962, deux observateurs russes se présentent à Rome. À chaque fois qu'un membre conciliaire tentait d'aborder la question du communisme, le cardinal Tisserant, assis à la table du conseil de la présidence, intervenait pour rappeler la consigne du silence voulue par le pape Jean XXIII.

Le directeur de la publication Itinéraire, Monsieur Madiran écrivit :

> *« Le concile qui s'était donné pour charge de cerner les « Signes des Temps », fut condamné par Moscou à garder le silence sur la plan évident et le plus monstrueux des signes des temps ! »*

Alors que le Concile se fait le chantre de la liberté, celle-ci est bâillonnée depuis l'affaire de « L'accord de Metz » dit secret (?). Cet épisode est finalement révélé dans le Journal catholique « Le Lorrain » le 9 février 1963 à la suite d'un article paru dans le journal L'Humanité le 16 janvier 1963.

Plusieurs évêques restés dans l'ignorance de cet accord, se lèvent dans l'Aula pour obtenir la condamnation du communisme ! Un nombre important de 452 évêques signent une pétition contre la non-condamnation du Communisme, parmi lesquels 13 français. La pétition s'était « égarée » parait-il, suffisamment longtemps, pour ne pouvoir être prise en compte !

Pour les questions temporelles, la référence officielle de la hiérarchie catholique demeure la constitution conciliaire *Gaudium et Spes* pastoralement entachée par la décision, consécutive à l'« Accord de Metz », d'ignorer le communisme, donnant ainsi l'exemple et imposant la consigne de ne plus le critiquer. Un tel désarmement intellectuel face au marxisme-léninisme a-t-il durablement débilité la pensée, l'action, les institutions catholiques ? (39)

---

(39) *Aletheia*, n° 103, 13 janvier 2007.

Il aura fallu la profonde connaissance du Communisme de Jean-Paul II pour y mettre un terme. Nous connaissons la suite des conclusions de Vatican II, nous renvoyons le lecteur à divers ouvrages cités dans ce texte.

Le Concile a été géré selon des méthodes laïques ou proches de celle d'une multinationale. Devant mille entorses aux règles sacro-saintes de l'Église, une frange formant un groupe d'opposition, certes minoritaire, sachant que plus de 40 % des évêques se sont abstenus de répondre favorablement à la convocation du Concile. Les absents ont toujours tort.

Le cardinal Ottaviani Préfet de la Congrégation du Saint-Office intervient dans le cadre de la défense de la liturgie traditionnelle. Parvenant au micro, celui-ci fut coupé très rapidement. (40)

Pour revenir à cet accord secret qui finalement fit couler beaucoup d'encre, une question se pose : Pourquoi avoir choisi le diocèse de Metz pour la rencontre de la mission orthodoxe avec les représentants de l'Église ? » On sait peu de chose, il faut se replonger dans les articles de Presse du Journal le Républicain Lorrain du 9 Février 1963 :

> « *Une rencontre secrète entre les prélats de prestige venus incognito : Le Cardinal Tisserand et l'Archevêque Nicodème au domicile de l'Abbé Lagarde aumônier des « Petites Sœurs des Pauvres à Borny »* »  (41)

L'Abbé L'huillier précise que la mise en œuvre de cette rencontre discrète fut facilitée par « Pierre Schwenck et le Chanoine Stenger ».(42)

L'abbé Lagarde représente une grande figure du clergé. Il a notamment étudié le communisme en Russie et en Espagne en

---

(40) Romano Amerio dans Iiota Unum chez NEL(Nouvelles Éditions Latines) 1987.
(41) Pierre L'Huiller dans « Monseigneur Paul-Joseph Schmitt chez Édition des Paraiges Metz 2020.
(42) Ibid.

1935, lors de la guerre civile. Il apparaît comme le souligne l'abbé L'huillier « *Riche de relations internationales* ».(43)

France Nouvelle, le bulletin central du parti communiste à la suite de cette révélation, publie le 22 Janvier 1963 la déclaration suivante :

> « *Parce que le système socialiste mondial manifeste de façon incontestable et qu'il est fort de l'approbation de centaine de million d'hommes, l'Église ne peut plus se satisfaire de l'anticommunisme grossier.* »

Avec le recul du temps, il facile de le déclarer, que ni l'Église Catholique ni le Parti Communiste Français avaient réellement conscience des véritables enjeux de la « Coexistence Pacifique » sur l'avenir du communisme, alors que sur le Christianisme pesait le plus grand pessimisme.

Pour conclure ce bref aperçu de la période conciliaire et avant d'aborder la période d'après-concile, notamment dans le différend entre les tenants du culte traditionnel et de ceux du culte moderne, rappelons que Pierre Schwenck fut le conseiller théologique agréé par le Saint-Siège, de Mgr Schmitt dans la préparation de ses interventions au concile.

## *Aux sources d'un diocèse partagé ou divisé ?*

Rappel : L'Allemagne déclare allemandes l'Alsace-Lorraine et lui inflige un régime particulier sous les lois allemandes communes et surtout sous une dictature militaire et policière sévère. Sont expulsés vers la France toutes les âmes qu'elle considère indésirables et ennemies du Reich. En revanche les autorités allemandes invitent fermement les populations alsaciennes et lorraines évacuées vers le centre de l'Hexagone sur l'ordre des autorités françaises en 1939, de revenir dans leurs

(43) Ibid.

maisons et de reprendre le travail. Tous ne répondront à pas à cette exhortation.

Les prêtres et séminaristes mosellans sous les drapeaux sont démobilisés et tentent de regagner leur pays. D'autres prisonniers par l'armée allemande sont libérés, considérés allemands. Ils rejoignent tant bien que mal leur paroisse respective, leurs séminaires ou leurs maisons religieuses, loin de savoir ce qui les attend. L'annonce de l'expulsion de leur évêque, Mgr Heintz, et de prêtres, freinera leur enthousiasme à un retour. Certains tarderont à se décider. Mais devant la tournure des évènements beaucoup ne reviendront pas, préférant soit exercer un ministère en remplacement de prêtres retenus prisonniers soit enseigner dans des séminaires sinistrés. Pourtant avant son expulsion Mgr Heintz avait appelé tous ses prêtres hors de son diocèse à revenir, « *bien que la situation ne soit pas bien brillante ici.* » (44).

Monseigneur Heintz expulsé le 16 août 1940 vers la France libre, de celle-ci, administre difficilement son diocèse, conformément au droit canonique, tentant de rassembler spirituellement ses lorrains dispersés. Or de cette « exportation », des prêtres et des séminaristes en zone non-occupée participeront à une « résistance spirituelle », tel que l'abbé Paul-Joseph Schmitt, soit à la formation de séminaristes ou encore poursuivent leurs études dans les grands séminaires, notamment dans ceux de Lyon, Limoges et de Tulles.

Or, une part importante de séminaristes revenus ou restés en Moselle après l'invasion allemande poursuivent leurs études au Grand-Séminaire messin transféré à Spire (Palatinat) sur l'injonction du *Gauleiter* Bürckel. Après la guerre tous ces prêtres revenus de toute part se retrouvent avec leur évêque et reprennent leur mission.

Depuis le concile Vatican II, l'application des réformes liturgiques et théologiques promulguées par le pape Paul VI, on

---

(44) Antoine Sutter dans « Mgr Joseph Heintz Pèlerin de l'Espérance » Chez Évêché de Metz Pierron -1986.

relève certaines oppositions à ces changements notamment dans la liturgie et la nouvelle pastorale. Ce phénomène n'est pas propre au diocèse de Metz, ni à la France. Selon Mgr Paul-Joseph Schmitt d'autres divisions dans le clergé mosellan et dans « son troupeau de brebis » sont remarquables. Son éminence le regrette et impute cette fracture à la période de la réannexion allemande de la Moselle ayant laissé quelques séquelles :

> « *Certaines options pastorales et les expériences, les sensibilités et options théologiques qui les inspirent* » selon ses dires. (45)

En effet, il constate qu'entre les jeunes prêtres et séminaristes ayant trouvé au grand-séminaire de Limoges ou dans d'autres centres :

> « *un accueil au lendemain des expulsions si massives en Moselle et d'autres formés dans des séminaires allemands... que le dialogue n'a jamais été possible entre ces deux expériences !* » (46)

Ce dialogue impossible est-il la conséquence d'un mode de formation différent au séminaire de Spire ou les conséquences des réformes engagées par Vatican II plus tard ? Ou ce dialogue impossible vient-ils des prêtres formés dans les séminaires en zone libre ? En tout état de cause, fracture il y a, et ce ne peut être que la conséquence d'un enseignement différent d'un séminaire à d'autres et aussi d'ambiance différente. À mon humble avis, la guerre a mis en relief ces sensibilités différentes. Il ne s'agit pas de politique, je le souligne. L'Église de France par nature s'est montrée progressiste depuis le début du siècle face à une Église de Moselle plus conservatrice par son statut concordataire et sa nature profonde. Soulignons encore que le diocèse de Metz se trouve partagé par une

---

(45) Abbé L'Huillier.
(46) Ibid.

frontière linguistique et culturelle, entre un Nord extrême rural et agricole et un Sud francophone, plus industriel avec son microcosme messin.

Précisons encore qu'en fait de *séminaires allemands*, il ne s'agissait que d'un seul séminaire à ma connaissance, celui de Metz simplement transféré au séminaire de Spire dans le Palatinat, toujours sous l'injonction des autorités allemandes. Précisons encore que les jeunes séminaristes messins ne furent pas intégrés au groupe de séminaristes allemands de Spire mais placés sous la direction de l'abbé Beauvert professeur et d'autres professeurs messins tel que Pierre Schwenck qui enseigna les « Écritures Saintes ». Ces abbés avaient accepté d'accompagner leurs étudiants hors de Metz. Sans ces prêtres que seraient devenus ces « jeunes pousses séminaristes » ? Un refus général de tous les professeurs eut-il été préférable ou convenable face à la Gestapo ? Monseigneur évoque « deux expériences différentes ». Toute expérience ne se mesure qu'après coup. En fait d'expérience seul les séminaristes de Limoges ou d'ailleurs en zone libre l'on faite. Spire ne représente pas une expérience dans les conditions telles qu'on les connait, au pire des cas une expérience nouvelle par le contact avec des séminaristes allemands. Or cela est loin d'être une nouveauté à une vingtaine d'année de l'annexion au *Kaiserreich*.

Entre une Église de France ayant subi la loi de la séparation des Églises et de l'État, les confiscations des biens, la dénonciation du Concordat et une Église d'Alsace-Lorraine maintenue dans le Concordat de 1801 à l'abri de la laïcité, l'expérience est bien plus significative et positive.

Et on ne s'étonnera pas qu'un tel diocèse martyr ait pu résister aux assauts féroces venus d'un Reich nazi comme ce fut le cas en Pologne. Cette dernière après le régime du Reich et de ses atrocités, tomba ipso facto sous un régime communiste autoritaire. Le vieux royaume résista grâce à sa foi traditionnelle.

Notons encore que les séminaristes mosellans, à Spire, avaient conservé leur règlement de discipline de Metz et leur tenue cléricale si particulière à chapeau ecclésiastique français qui faisaient tant rire les autochtones. L'enseignement qui y fut offert relevait de la plus pure tradition du grand séminaire du diocèse de Metz et du petit séminaire de Montigny. Ces deux établissements reçurent les plus grands soins et une mise au point des matières enseignées d'une part par Monsieur Benzler évêque avant tout catholique qu'allemand et d'autre part par Monseigneur Pelt, évêque mosellan. Notons encore que le supérieur, qui n'est le directeur du séminaire transféré à Spire au cours de la guerre, maintenait sa résidence à Metz.

Une autre contestation surgit en 1968 par le chanoine curé archiprêtre de Sarreguemines. Il se plaint du libéralisme dans l'enseignement religieux dans les lycées. Il attribut ce mal à un abbé bien connu qui lui suggère d'offrir la charge de ces enseignements à des laïcs. Il serait « contre » les séminaires grands et petits et aurait déclaré sans vergogne :

*« il y a trop de curés, il faut arrêter la fabrication ! »* (47)

D'ailleurs Monseigneur se souvient qu'il s'était vu dire par cet abbé :

*« Il faut foutre en l'air le séminaire »* … (48)

Certes en 1968, une lente déchristianisation s'amorce en Moselle comme dans toute la chrétienté occidentale. On attribue ces causes à la modernité, c'est vrai, mais les réformes liturgiques ont brisé le sacré sur laquelle une population avait construit une grande piété et le culte des morts millénaires.

Pouvait-on appliquer les réformes liturgiques de 1969 aussi brutalement dans un diocèse très rural au Nord et au Nord-Est et

---

(47) Pierre L'Huiller dans « Monseigneur Paul-Joseph Schmitt chez Édition des Paraiges Metz 2020.
(48 ) Ibid.

industrieux à l'Est ? Enfin rappelons encore une fois que la Moselle est traversée longitudinalement par une frontière culturelle et linguistiques. Bien avant l'annexion de 1871, en Moselle la langue allemande millénaire littéraire conservait une place prépondérante dans le quotidien des villageois. La langue étant le « véhicule de la pensée », sa structure mentale reste proche des mentalités allemandes mosello-rhénanes, précision faite. Cela choque ? Regardons les cartes linguistiques et nous conviendrons que les dialectes différents, j'en compte cinq, trouvent leurs racines aux frontières du Rhin, voir au-delà ? Ce que l'on nomme vulgairement du Platt ne désigne qu'une catégorie de langues Ouest allemandes par opposition à l'alémanique du Sud allemand. Voir la carte n°3.

Cela surprendra encore le lecteur d'aujourd'hui que jusqu'au Concordat de 1801, un nombre important de paroisses nord-mosellanes et luxembourgeoises dépendaient spirituellement des évêchés de Trèves (*Trier*), et de Spire (*Speyer*) (cartes n° 1 et 3) dans le cadre d'un Bailliage d'Allemagne dont Metz et sa région romane étaient exclues. Le diocèse de Metz est une création datant de la Révolution Française. Ce que confirme l'intervention de Mgr Klein, vicaire général, dans un colloque sur les pratiques religieuses dans l'Est Mosellan.

## *Le recul de la pratique religieuse en Moselle*

Au cours d'un colloque organisé en avril 1976 par l'Académie Nationale de Metz, sur le thème de la situation générale de l'Est Mosellan, nous relevons l'intervention de Mgr Klein, vicaire général du diocèse de Metz, à propos « du recul de la pratique religieuse dans l'Est Mosellan ». Nous traduisons sa pensée :

La pratique religieuse fut toujours forte surtout chez la population de langue allemande touchée par l'abandon des prônes en allemand (après concile). D'une façon plus générale, les messes anticipées du Samedi en début de soirée, célébrées à tour de rôle dans l'église du village, à présent intégrée dans une communauté de paroisses, offraient aux jeunes gens l'occasion de se déplacer et de prolonger leurs loisirs nocturnes hors de leur paroisse, sachant l'exonération de toute pratique religieuse le lendemain Dimanche. Le « Jour du Seigneur » totalement libéré a participé à sa banalisation.

Les actes de ce symposium relèvent encore, en dehors de l'intervention de Mgr Klein, deux points relatifs au changement culturel de cette région mosellane :

> *« Le repli de l'Église sur elle-même, de même que la déconnexion engagée entre l'Église et la société civile, a des conséquences de première importance dans une région qui connut l'inféodation du clergé dans la vie politique et dans laquelle la pratique religieuse était liée à la fois à la défense d'un statut particulier. En outre, l'action des militants catholiques et l'action d'un certain clergé pour qui « l'évangélisation passe par le socialisme » vont dans le sens d'un changement profond des structures mentales.*
> 
> *Enfin, le net repli du dialecte, à la fois véhicule et filtre d'une culture spécifique, l'uniformisation des modes de pensée et de comportements par les mass media. »*

**Note.** Dans les zones nord germanophone, les évêques messins nommaient des prêtres de langue allemande afin de satisfaire la tradition et le respect des fidèles, nécessaire à l'enseignement, aux prônes et au confessionnal etc. Cette règle informelle a été peu à peu abandonnée. Les zones dialectophones nord du diocèse étaient réputées d'une grande dévotion, substrat des anciennes tutelles spirituelles des évêchés de Trêves et de Spire en Allemagne. Depuis les réformes à la suite du concile, les prônes en allemand disparurent subitement et la charge de curé de paroisse furent dévolues à des prêtres non germanophones. Ceci est à l'origine d'abandon de la pratique religieuse en Lorraine Nord et Est. Il existe toutefois quelques exceptions dans certaines localités accueillant depuis des siècles des communautés religieuses. Par exemple à Rettel. Le couvent des Domaines rattaché traditionnellement à une maison mère en Allemagne accueillait des moniales majoritairement allemandes ou mosellane germanophone.

## Les traditionaliste et les intégristes

Le chapitre précédent relate l'esprit dans lequel se prépare le Concile et de la façon par laquelle il se réuni et se déroule. Pie XII devant les assauts des réformistes, hésite à convoquer un concile après les évènements qu'entachent celui de 1871 (Vatican 1er). Sa sainteté consciente des besoins d'assouplissement et de nécessité de réformes, redoute l'ardeur des partisans réformateurs d'avant-garde ou d'un libéralisme extrême en faveur d'une sorte de « *tabula rasa* » de l'héritage du concile tridentin. Il décède en octobre 1958. Pourtant de nombreuses réformes théologiques et liturgiques alliées à une catéchèse dynamique sont à porter à son crédit. L'expérience de la Guerre et de ses conséquences le convainc d'une menace « communiste », alors que dans les ruines fumantes de Berlin en 1945, les alliés attendent des Églises des réformes de fond de leur pastorale dans la perspective d'une ère nouvelle dans le Monde.

Le bienheureux Jean XXIII « poussé » par son entourage, notamment par le Cardinal Montini, le futur Paul VI, décide la réunion d'un concile. Le bon pape quelque peu naïf a foi d'un projet de réformes proches finalement de ce qu'attend la grande majorité de catholiques dans le monde, et que lui présente son entourage.

Nous savons dans quelles conditions ce premier projet est rejeté, dès l'ouverture du concile en 1962, à l'instar d'un groupe minoritaire mais très actif, profitant de l'occasion pour présenter un remaniement des commissions conciliaires et du mode du scrutin. Les débuts de ce concile commencent par une curieuse façon d'accueillir 2000 évêques ayant fait le voyage, sur 5000 absents et excusés. Beaucoup de ces prélats venus du monde entier semblent comprendre approximativement le latin… Mais quelle langue choisir ? Vatican II tel que nous le connaissons est le fruit d'une révolution de palais. Dans ces circonstances une vive opposition favorise la création d'un groupe de défense de l'intégrité des « valeurs » de l'Église universelle et donne naissance plus tard à des abus d'une part et d'autre.

Cette situation de partage d'opinion des pères conciliaires projette certes la fracture que nous connaissons de nos jours, or leurs racines plongent dans la période d'incertitude née de la seconde guerre mondiale. Ce phénomène provoque le détournement des objectifs déclarés à l'annonce du Concile par Jean XXIII. De cette prise en otage résulte en 1969 la fondation en toute légalité canonique par Mgr Lefèbvre d'Écône en Suisse et son « grand séminaire » traditionnel.

L'évolution de ce « mouvement de résistance » aux actes du concile est à l'image d'une force d'opposition convaincue face au spectacle des messes de prêtres réformateurs, voir révolutionnaires. Ces abus masquent les attentes d'un monde traditionnel attaché au culte catholique de toujours.

En fait à nos époques modernes, il est courant qu'un groupe minoritaire prenne le pouvoir en s'opposant à un autre groupe majoritaire ou non en le diabolisant.

Le Pape Pie XII voyait en Monseigneur Lefebvre, prêtre spiritain missionnaire, devenu archevêque de Dakar, assistant au trône pontifical et enfin délégué apostolique en Afrique (nonce apostolique) un futur prince de l'Église. Le prélat participe au Concile Vatican II.

La sainteté de cet homme ne fait aucun doute. Opposant aux réformes liturgiques dans un premier temps, il obéit et pratique les réformes liturgiques pour les abandonner et reprendre la forme ancienne que nombre de prêtes veulent conserver. Mgr Ratzinger, alors préfet de la congrégation du Saint Office, recense 80 000 prêtres dans le monde ayant quitté l'Église ou poussé hors de l'Institution.

La FSSPX s'étant constituée légalement, par l'évêque de Lausanne dans le plus grand respect du droit canon, Rome, ne pouvant pourtant pas défaire un tel agrément, revient pourtant sur l'autorisation de la fondation canonique d'Écône, contrairement au droit canon.

Il faut des années pour décrypter théologiquement les différentes constitutions du nouveau concile. Il y a deux lectures, voir plusieurs possibles. Pour atteindre la véritable portée des réformes, les théologiens de la FSSPX rendent leurs conclusions dans les actes d'un symposium sur la question. (49) D'autres études suivront de façon régulière et encore de nos jours.

Quant à l'avenir de cette congrégation, les évènements à l'image d'un feuilleton médiatique, depuis la mort de Mgr Lefèbvre, aboutissent à une impasse d'une régularisation souhaitée de part (FSSPX) et d'autres (Vatican). Pourquoi ? La question fondamentale et sa réponse se trouvent dans la nouvelle définition de l'Eucharistie, sachant que ce mystère représente la clef de voûte de l'Église et donc de l'ecclésiologie jadis représentée par le Corps mystique du Christ et à présent dans « l'Église réalisée ou sacrement » donc de toute la philosophie de Vatican II.

Pour résumer. Des développements pratiques des constitutions conciliaires découlent toutes les réformes que nous connaissons et de celles surprenantes à l'avenir. L'interprétation des actes du Concile n'est pas achevée et réserve bien d'autres surprises et permet toute interprétation possible et toute les nouveautés pastorales jusqu'au plus audacieuses.

Les diverses tentatives de régularisations de la FSSPX dans ces conditions ne peuvent pas se réaliser sauf à ce qu'elle reconnaisse le Concile. Elle n'en a pas le choix.

On peut admettre, en prenant le recul nécessaire et « en laissant hors du temples les métaux » que deux formes de catholicisme existent à présent, qu'elles soient canoniques ou « hors de Rome ». Benoît XVI tente par son motu proprio de 2007 de concilier l'inconciliable d'un seul rite sous deux formes de natures différentes !

(49) Etudes Théologiques – La Religion de Vatican II – Éditions des Cercles de Tradition 2003.

Tout n'est pas à jeter dans les réformes de Vatican II, telle que la liberté religieuse que Mgr Lefebvre au concile vote.(50) Elle est la meilleure garantie d'une paix religieuse et vouloir convertir l'autre ou le condamner ne mène à rien. L'évêché de Metz en accordant une aide financière importante à la construction d'une Mosquée à Farébersviller ne peut non plus être mal jugée. En revanche pourquoi Mgr Schmitt intervient-il dans l'interdiction des messes, catholiques, sous la forme traditionnelle à Thionville en dehors de locaux concordataires accordées pourtant par le maire communiste de la Ville ? Il est vrai que l'association thionvilloise Saint Pie V se montra bruyante, intolérable et acharnée et on ne peut pas donner tort à Mgr Schmitt.

La crise des vocations n'existe pas chez les traditionalistes grâce à la qualité de ses écoles et séminaires. Elle s'explique surtout par la foi des fidèles qui se reconnaissent dans l'enseignement traditionnel de l'Église. Qu'en est-il dans le diocèse de Metz ou dans les autres diocèses ?

Les changements radicaux opérés dans les églises des années 1960 font fuir une masse de catholiques dont la foi se révèle alors déjà tiède. La nouvelle liturgie leur a donné prétexte à ne plus revenir à l'Église. Certes le clergé ronronnait et on trouvera toutes sortes de causes à la chute de l'Église tel que « l'archaïsme » des clercs (?).

Que doit-on reprocher au nouveau clergé ? Une certaine naïveté et de sentimentalité dans l'œcuménisme qu'illustrent les petites phrases de Mgr Schmitt : « *Trouver du bon chez nos opposants* ». Est-ce inspiré de la notion du pardon ou de la philosophie du *Ying*

---

(50) En effet, l'auteur de la biographie de Mgr Lefebvre, Mgr Tissier de Mallerais, un des évêques de la FSSPX consacré sans mandat apostolique, restait « très flou » sur ce sujet dans son ouvrage. Après quelques interrogations à propos de ce vote du fondateur d'Ecône, dans les milieux dit « traditionalistes » périphériques, le biographe revint sur le sujet et démentait le placebo de Mgr Lefebvre au Concile à propos de la déclaration conciliaire de la Liberté Religieuse. Cependant un tel sujet ne se comprend que si on ne prend connaissance des déclarations annexes du concile tel que *Nostra Aetate* qui traite des relations diplomatiques entre l'Église et Israël et aussi les communautés islamiques. Dans Marcel Lefebvre, une Vie par Mgr Tissier de Mallerais chez Clovis en Nov. 2002.

*et du Yang* ? Mais qui pardonne à qui ? Le pardon demande repentir et réparation. Et c'est valable pour l'Église romaine également.

Le spectacle donné par l'Église Romaine depuis 1965 et semblable à celui que nous donnent nos politiques depuis : méthodes de gestion, diabolisation des extrêmes qu'elle soigne et cultive, qui permettent une gouvernance basée sur des alliances et des compromis qui finissent par lasser et c'est la raison de la chaise vide à l'église et de l'abstention aux urnes.

Nous achèverons ici ce chapitre sur la vie pastorale de Mgr Schmitt. Ses qualités et son énergie débordante alliées à son caractère impulsif sont les signes d'un homme de cœur. S'il s'est assis sur le trône de Saint-Clément c'est que Dieu l'y a posé. Ne soyons pas plus royaliste que le Roi.

Nous renvoyons le lecteur au livre de l'abbé Pierre L'Huillier édité aux Paraiges.

## *Les secrets de la terna*

Tous les trois ans, les évêques d'une même région apostolique, il en existe neuf en France, dressent en secret une liste de prêtres et même de religieux, jugés aptes à l'épiscopat. Ces listes sont envoyées à Rome. Parallèlement, quand un évêque doit être nommé, le nonce apostolique fait une enquête sur les successeurs possibles. Il consulte les évêques de la région où se trouve le siège à pourvoir, le président de la conférence épiscopale nationale, le collège des consultants et le chapitre cathédral du diocèse ainsi que tout autre laïc ou ecclésiastique dont il juge bon de recueillir l'avis.

Le nonce propose à Rome une liste de trois nom (*terna*). C'est le Pape qui prend la décision, après examen des candidatures et propositions de la congrégation des évêques ou pour un pays comme la France, de la section diplomatique de la secrétairerie d'État. Depuis le rétablissement des relations diplomatiques entre la France et le Saint Siège en 1921, celui-ci consulte le gouvernement sans toutefois être tenue de son avis sauf pour les diocèses concordataires.

Les évêchés de Strasbourg et de Metz étant restés sous régime concordataire, la nomination de leurs titulaires représente un acte gouvernemental publié comme tel au journal officiel.

Dans les années 1955 la santé de Mgr Heintz engage celui-ci à solliciter par l'intermédiaire du nonce apostolique, l'autorisation du pape à consacrer l'évêque coadjuteur. Ce dernier, comme son nom l'indique, assure une fonction d'auxiliaire ou d'aide etc. En outre au décès de l'évêque titulaire du diocèse, il lui succède ipso facto sans aucune nouvelle procédure d'élection. Cette demande déposée auprès du nonce, le 19 Janvier 1956, la procédure d'élection est déclenchée.

Les noms des candidats restent toujours secrets ainsi que des tractations entre les parties prenantes. En outre les candidats ignorent si leur nom figure sur cette liste. En revanche les candidats proposés doivent remplir les conditions d'ancienneté dans le sacerdoce et justifier de connaissances théologiques sanctionnées par un doctorat, en principe, ce qui explique que nombre d'évêque possède un passé de professeurs dans les grands-séminaires ou dans d'autres institutions. Or la décision finale intervient qu'en juillet 1958, soit près de deux années et demie de procédures et d'attente. Comme le précise Monsieur l'Abbé L'Huilier :

> « *Les courriers suivants, relatifs à cette affaire, transpirent d'une difficulté à s'entendre avec le gouvernement français sur le nom d'un candidat. Mais qui figurait sur la terna, liste des « épiscopables » ?*

Une chose est certaine, l'abbé Paul-Joseph y figure forcément. Est-ce à dire que ce dernier soit en concurrence avec un ou deux confrères, voir aucun, de son diocèse ? En effet la liste est ouverte à d'autres confrères d'autres juridictions, comme le laisse entendre la procédure. Pourtant le séminaire de Metz recèle en ces temps des candidats potentiels. Tournons-nous vers les hommes politiques décisionnaires d'alors.

Nombre de ministres et présidents du conseil à répétition de cette 4$^{ième}$ république instable en guerre en Algérie furent en fonction de Janvier 1956 à Juillet 1958. Peu importe leurs noms puisque les avis, entre les deux parties prenantes, divergent depuis de longs mois. Qui bloque ? Sans aucun doute, ce n'est pas le Vatican. Est-ce à dire que tous les gouvernements successifs restaient en désaccord avec Rome sur un candidat précis ? Aucun candidat ne fait l'unanimité côté gouvernemental ! Or, après près de trois années de suspens, finalement à Paris les parties en présence à ce moment-là, en 1958, tombent d'accord sur le Chanoine Paul-Schmitt. Que s'est-il passé ?

Arrivé au pouvoir, le Général de Gaulle choisit le 1$^{er}$ Juin 1958 Émile Pelletier ministre de l'intérieur et des cultes. (51) Le Président de Gaulle et son ministre ont-ils réagit devant une terna restée en souffrance ? La Résistance a-t-elle un lien quelconque dans le choix du candidat à l'épiscopat ? Ce n'est pas certain...du tout.

Côté romain le Pape Pie XII en mauvaise santé, se prononce in fine sur le nom de Paul-Joseph. Le souverain pontife décède le 9 Octobre 1958. La conjonction Pie II-de Gaulle fut-elle favorable à la décision que nous connaissons. Mais arrêtons ici nos spéculations.

Le microcosme clérical parisien probablement très favorable à Paul-Joseph a certainement favorisé les circonstances. Comment l'affirmer alors que les tractations restent secrètes. Mais supposons-le. Tout blocage nécessite la diplomatie ou un intermédiaire. Et ce sera ma conclusion sur ce sujet par des paroles sulfureuses prononcées par le nouvel épiscope le jour de son intronisation lors du banquet traditionnel, auquel participe par tradition le Ministre d'état de l'intérieur et du culte, justement monsieur Émile Pelletier. Celui-ci a fort à faire en cette période trouble.

L'huile de l'onction épiscopale encore fraîche sur le front du nouvel « élu » celui-ci fustige le gouvernement au sujet de perquisitions

---

(51) Décoré de la Croix de Guerre 1945 et médaille de la Résistance. Brillant haut-fonctionnaire en fin d'une carrière préfectorale depuis le cours de la Guerre, il entre en Résistance après avoir abandonné son poste de ministre du maréchal Pétain. (Wikipédia).

ordonnées par le gouvernement contre nombre de communautés catholiques favorables au FLN.

On imagine la tête du ministre à l'écoute de ces paroles, lui qui avait donné un avis favorable à la terna (?) et songeons aux sifflements des oreilles du Général !

Enfin Paul-Joseph bénéficie de certains appuis :

> « *Ses amis parisiens avaient lourdement insisté pour qu'à l'instar de Mgr Veuillot, qu'il change toute l'administration diocésaine ou la curie épiscopale, qui selon lui (Mgr Veuillot), avait vieilli et fonctionnait selon des mentalités archaïques. Paul-Joseph s'y refusa.* (Pierre L'Huillier)

Mgr Veuillot, futur cardinal archevêque de Paris, attaché au secrétariat d'état en 1949 dans le domaine des affaires françaises, est un proche du futur Paul VI.

En 1953, prélat de Sa Sainteté, il peut se faire appeler Monseigneur par ses coreligionnaires. Il effectue un travail préparatoire pour la rédaction de l'encyclique *Fidei Donut* publiée en 1957 par Pie XII :

Après cette épopée Mgr Heintz est enfin autorisé à annoncer à Paul-Joseph Schmitt, au collège de Bitche :

> « *Que le Saint Père l'avait nommé comme son évêque successeur.* » (Pierre L'Huillier)

Les armes choisies par l'impétrant reprennent la devise des Chartreux, ce qui semble annoncer un épiscopat « *jupitérien* ». Mais que signifie cette pointe surmontée d'une fleur de lys ? L'axe transcendant ? Quant à l'anneau épiscopale j'ai cru comprendre qu'il résumait son attachement à la terre mosellane et souhaitait rester de son côté dans le combat contre le retour du Dragon. Or dans le nord mosellan essentiellement rural et fortement catholique, les fidèles restaient dubitatifs quant à la personnalité de leur pasteur. Ils attendaient un père protecteur de la tradition catholique.

Monsieur L'abbé L'Huillier note :

« ... *de par ses goûts personnels et à la demande de mouvements chrétiens, il s'est tenu à une certaine distance des autorités civiles et militaires, refusant de participer à certaines cérémonies et réceptions officielles.* »

## *Conclusion du chapitre*

Il était bon de retracer, simplement et avec brièveté qu'imposent la rédaction d'un livre et l'intérêt des lecteurs, le « parcours » de deux prêtres d'un même diocèse et d'une même rive de la Moselle dans une même zone culturelle et linguistique lorraine commune que tout semble opposer mais que leur fidélité réunit.

Originaire du canton de Sierck jadis fief des Ducs de Lorraine, Pierre Schwenck a grandi sur une terre d'exception du territoire de Rettel ancien domaine chartreux. Paul Joseph Schmitt voit le jour dans la ville du Comte Siegfroid de Yutz le fondateur du Comté du Luxembourg en 989. Cela date certes, mais les terroirs restent imprégnés de leur terreau constitué au cours de l'histoire. Mille ans après, l'église Saint Nicolas du nom du protecteur des eaux de la Moselle avait donné le baptême au futur pasteur messin. Et fait du hasard, Pierre Schwenck naquit dans la rue Saint Nicolas du protecteur des bateliers dans une maison communicante à la Maison des bateleurs ! Il reçoit le baptême dans l'église, patronnée par Saint-Sixte II et Saint Laurent, jadis administrée par les Chartreux dans le diocèse de Trèves jusqu'en 1801.

Convenons qu'entre l'histoire de Yutz et de Rettel un millier d'année a pesé sur l'esprit de leurs habitants à une époque où les paroisses n'étaient pas ouvertes comme aujourd'hui. Yutz c'est déjà la ville. Tout cela fait la différence entre un prêtre originaire de

Rettel et de celui des faubourgs de la vieille ville luxembourgeoise de Thionville sous la dépendance de l'évêché de Metz.

Tout contraste entre Pierre et Paul Joseph. Au sens historique et symbolique, le premier représente le prêtre, l'étude et la parole, et le second le guerrier, c'est-à-dire le roi, le protecteur de ses sujets et l'application des lois venus de Dieu. Finalement par ce rapport symbolique le lien entre les deux personnages est créé et forme une antinomie et non pas une dualité que l'histoire proche voudrait attribuer à chacun. Or le « Druide » parlait avant le Roi. Il recueille la loi de Dieu et toute autorité vient de Lui.

Les évènements de leur siècle ont bousculé leurs idées et leurs ambitions en entrant au grand séminaire, chacun répondant à son devoir et à son état avec fidélité. La Providence les a placés là où ils devaient être. Cependant rappelons que Mgr Schmitt a répondu aux souhaits émis par Pie XII à Mgr Heintz lors de sa visite *ad limina* : l'Action Catholique. Paul Joseph a exécuté sa mission avec ses moyens et les conditions du moment et plus tard selon l'esprit nouveau du Concile Vatican II.

Ce dernier a fait couler beaucoup d'encre, il a permis aux fidèles de s'exprimer. Or les réformes post conciliaires si elles répondaient à l'esprit du Concile furent brutales et ouvertes vers l'œcuménisme au sens très large et à la fermeture arbitraire au dialogue avec ceux des prêtres restés fidèles au projet initial promis par le pape Jean XXIII présenté à l'ouverture du concile. Nous savons que ses avancées furent rejetées, par des réformateurs autoritaires selon des méthodes peu orthodoxes au regard de la légalité. Tous ces abus et détournements ne pouvaient qu'aboutir à l'exclusion des 80 milles prêtres dans le monde opposés aux réformes annoncée par le Cardinal Ratzinger, préfet de la congrégation du Saint-Office et futur pape. Chaque prêtre disparu ou absent de l'Église provoque inévitablement une faiblesse dans sa mission apostolique et donc une perte de nouveaux baptisés et par conséquent elle réduit le nombre des vocations au sacerdoce. Le

Concile a élargi la fracture existante, dans l'Église au lendemain de la Guerre. Et l'optimisme des conservateurs a été refroidie.

En effet la Guerre Froide n'a pas subi de période climatique erratique ni un nouveau froid, mais elle a déçu l'espérance des fidèles en général et de l'Église en Occident. Et cette ardeur perdue nous manque depuis la disparition de Mgr Schmitt, qu'on le veuille ou non.

La personnalité contrastée, et contestée de Monseigneur par certains, fait ô combien défaut. Et combien Paul Joseph a-t-il été utile d'être « rouge » ou « noir » à un certain moment de son épiscopat, car un évêché ne se gère pas comme un mouvement, une association ou un parti politique, mais comme une communauté de chrétien qu'il faut conduire comme un berger.

Contrasté entre sa générosité envers les Musulmans qui ne sont pas tous extrémistes et sa sévérité envers d'autres catholiques de tradition qui ne sont pas non plus tous extrémistes, tous témoignent de leur foi ardente.

Les ambiguïtés de Paul Joseph ont bousculé l'âne porteur des reliques qui a déposé son fardeau pour aller «danser sur la glace» d'un matin d'un Printemps trop avancé alors qu'il se fâchait pourtant contre la tiédeur d'un encensoir.

Mgr Paul Joseph Schmitt en visite pastorale à Rettel 1967.

En arrière-plan, l'abbé Michel Nennig, le curé de la paroisse, celui-même ayant mené les travaux de reconstruction et d'aménagement de la nouvelle église paroissiale, l'ancienne ayant été détruite par les bombardement américains en Septembre 1944.
À l'occasion de la visite de l'évêque, le village fut décoré de fleurs et de verdure et d'un arc de triomphe.

# Conclusion générale

Comment conclure ces quelques pages qui mettent en exergue les actions de deux évêques, Mgr Heintz et Mgr Schmitt, à des époques finalement différentes et incomparables. Il s'agissait également de jeter un aperçu sur une tranche de l'histoire de la Moselle Cependant la seconde période est en général la conséquence de la première. Il s'agissait avant tout de résumer la vie diocésaine messine dans les contextes de la seconde guerre mondiale et des conséquences au-delà de cette période. Or celles-ci mettent en évidence les grandes vibrations de l'Église Romaine depuis le début du siècle dernier et qu'un conflit mondial a libéré. La victoire des forces anglo-saxonnes apporte un nouvel ordre mondial qui prend toute son ampleur par l'armistice de 1945, mais plus encore par le Traité de Berlin de 1990 qui ouvre les portes au mondialisme quasi sauvage. La période des épiscopats réunis de NNSS Heintz et Schmitt s'achève en 1987. Qu'en reste-t-il ?

Les grandes réformes imaginées après la première guerre mondiale mises sous le boisseau devant la menace de la montée du nazisme, se libéraient peu à peu timidement sous le manteau. La seconde guerre mondiale mettait en relief un antagonisme entre idéologies progressistes et conservatrices. L'après-guerre froide allait libérer un torrent d'énergie contenu depuis des années et son élan se poursuit encore de nos jours.

Le second conflit mondial ne fut qu'une période charnière avant l'euphorie des Trente Glorieuses et du Concile Vatican II. Celui-ci se déclarait le dernier, il restait toutefois sous la censure de l'Union Soviétique qui empêcha les pères conciliaires de condamner la philosophie communiste pourtant combattue avec véhémence par l'Église Romaine jusque-là, laissant la porte ouverte des séminaires à toute sorte d'idéologie.

L'indispensable liberté religieuse édictée par le Concile, mal interprétée, aboutissait à un phénomène au-delà du respect de l'autre. La collégialité dans toutes les assemblées a conduit à la dilution des responsabilités et à se gérer comme une entreprise profane. La conséquence fut la sortie du sacré par la sécularisation.

L'action catholique prônée par Pie XII, allait engager l'Église dans une vaste pastorale à l'image d'une campagne électorale où le clientélisme est roi, et gommer les « frontières » entre clergé et fidèles. En fait elle ne faisait que respirer l'air du temps de « La Liberté », loin de sa définition métaphysique. C'est dans ces conditions que tous les évêchés ont pratiqué une nouvelle pastorale transversale au dépend de la verticalité de l'institution divine.

La seconde guerre mondiale plus qu'une époque charnière fut l'antichambre d'un monde vers un progrès sans fin qui a dépassé l'Église et le monde. Tous cela peut paraître excessif aux yeux du lecteur du présent ouvrage. Les papes de la première partie du $20^{ième}$ siècle pressentaient l'orage arriver avec ses excès, n'ayant comme seule ressource la réforme liturgique et l'ouverture vers les familles catholiques dans l'esprit du siècle. Or l'action catholique se transforma en blocs de propositions devenues oppositions. L'Église par son concile se voulut le levain de la pâte de ce monde, abandonnant un principe primordial, pour la Chrétienté, le ternaire « foi – enseignement – liturgie ».

*9 Septembre 2024*

# Ouvrages consultés

**Académie Nationale de Metz d**ans «l'Est Mosellan» colloque Avril 1976.
**Alexandre de Hohenlohe** dans Souvenirs d'Alsace-Lorraine 1870-1923.
**Antoine Sutter** «Mgr Joseph Heintz Pèlerin de l'Espérance» Chez Évêché de Metz Pierron -1986.
**Benoît de Jorna** La Nouvelle Religion de Vatican II.
**Cardinaux Ottaviani et Bacci** Bref examen critique du nouvel ordo missae.
**Charles-Roux François** Huit ans au Vatican Flammarion 1947
**Courrier de Rome** Penser Vatican II quarante ans après.
**Dorvaux** Abbé, dans Aperçu sur la Paroisse Saint-Martin Metz 1922.
**Etudes Théologiques** La Religion de Vatican II Éditions des Cercles de Tradition – 2003 .
**François Roth** dans « La Lorraine annexée » aux Éditions Serpenoise en 2007.
**Gaston May** dans la langue française en Lorraine.
**Gaston Roupnel** dans son « Histoire de la Campagne Française » aux éditions Grasset de 1932
**Guerard des Lauriers** Réflexions sur le nouvel ordo Missae 1977.
**Hiegel Henri** Le Bailliage d'Allemagne de 1600 à 1632 L'administration, la justice, les finances et l'organisation militaire Editions Marcel Pierron Sarreguemines.
**Jean de Pange** dans Journal 1927-1930.
**Josef Ratzinger Benoît XVI** Le Pouvoir des signes Éditions Parole et Silence 2012.
**Josef Ratzinger Benoît XVI** Pensées sur le concile Vatican II Éditions Parole et Silence 2012.

**Josef Ratzinger Benoît XVI Vatican** II L'herméneutique de la Réforme Éditions Parole et Silence 2012.
**Paul Lauer** en Rettel, Mon village, ses familles reconstituées (1645-1908). Mai 2007.
**Paul Sérant** dans la France des Minorités chez Robert Laffont 1960.
**Pauly Ferdinand** Siedlund und Pfarrorganisation im alten Erzbistum Trier Veröffentlichungen.
**Père Boon** « Au Cœur de l'Écriture - Méditation d'un prêtre catholique », chez Dervy-Livres.
**Philipps Eugène** Les luttes linguistiques en Alsace jusqu'en 1945 Culture Alsacienne Strasbourg.
**Philipps Eugène** dans La Crise d'identité l'Alsace face à son Destin et dans Les luttes linguistiques en Alsace jusqu'en 1945 chez Culture Alsacienne Strasbourg.
**Pierre L'Huiller** dans « Monseigneur Paul-Joseph Schmitt » chez Édition des Paraiges Metz 2020.
**Pierre Schwenck** dans La Paroisse Lorraine, Mai 1946 dans « Le grand séminaire de Metz déporté à Spire ».
**Pierre Schwenck** Le secret de Jésus aux Éditions Église de Metz.
**Robert Fery** Jour de Fête Metz.
**Robert Scholtus** Petit Christianisme de tradition Éditions Bayard 2006.
**Romano Amerio** dans Iota Unum chez NEL(Nouvelles Éditions Latines 1987
**Simmer Alain** L'origine de la Frontière Linguistique Éditions Fensch Vallée1995.
**Société d'Études Allemandes-Science** Po Strasbourg. Revue d'Allemagne et des Pays de langue allemande – n° 46 Juin 2014. Dossier « *Les Fondements normatifs de l'État constitutionnel moderne en Allemagne* ».
**Tissier de Mallerais** Mgr dans « Marcel Lefebvre- une vie » chez Clovis 2022.
**Vatican** Site Internet Textes Conciliaires Vatican II.
**Willibrord Benzler** Evêque de Metz (1901-1919). Mosellan d'adoption-texte et illustration par Gaston Anotoni Préface Docteur Joseph Kirsch.
**Willibrord Benzler** OSB Erinnerungen aus meinem Leben.
**Wilmouth** L'Église Mosellane Écartelée 1939-1945 chez Serge Domini Éditeur.